地籍調査で未来を拓く

地籍調査2050プロジェクト

石塚 修

展望社

地籍調査で未来を拓く

～地籍調査 2050 プロジェクト～

（2050 年までに日本全土の地籍調査を完成させるプロジェクト）

1%の費用負担でできる地籍調査とは

石塚 修

展望社

目 次

6章　地籍調査を早く終わらせるために……121

7章　千葉長生方式とは……145

発刊にあたって
〜「地籍調査 2050 プロジェクト」を提唱します

　「地籍調査 2050 プロジェクト」とは、全国の地籍調査を2050 年までに完了するための取り組みです。

　先進企業と地元の測量会社が連携して大規模な組織を作り、2項委託方式で 2050 年までに全国の地籍調査を完成させようという取り組みで、この本の発刊を機に、プロジェクトがスタートすることを、ここに宣言させていただきます。

　現状今のペースで完成に 200 年以上要する地籍調査を選ぶか、全国の測量会社が協力をして 2050 年までに完成させるか、

一体、あなたはどちらを選びますか?

　地籍調査の意義、完成後の効果、国民の安心とメリット、それは絶大なものがあるだけに、遅れれば遅れるほど、損失はそれ以上の莫大なものになります。

　私は 20 年前から地籍調査の早期完成を訴え続けてきました。

　2004 年からは千葉県地籍調査推進委員会を設立し、委員会活動を牽引するなど、あらゆる行動を続けてきました。

　10 年前の 2011 年 4 月に全国初の一般社団法人を設立したのもその一つですし、その社団法人によって、2012 年から新規着手した地籍調査が、それから 10 年で長生郡白子町、来年の 2022 年には長柄町が調査を完了するというのも、その一つです。

　また、署名活動などでは、全県下の測量会社や土地家屋調査士の皆様の協力も得て、千葉県の予算を 10 倍以上にしたというのも、その一つです。

　200 年前の 1821 年、私が敬愛する郷土の偉人、伊能忠敬は今の公図より遥かに精度の高い日本地図を完成させました。それから 50 年後の明治時代、地租改正に伴っていわゆる公図を 10 年程度で作りましたが、それは伊能地図とはかけ離れた基準点のない劣悪極まりない地図でした。

　その公図を後世の検証に耐えうるものに取り替えるべく、1951 年から国土調査法が制定され、地籍調査が始まったのはご承知の通りです。それから今年で 70 年、地籍調査完了面積がようやく 50% を超え、今後完成に 200 年以上もかかると

いう現実を、私たちはどう捉えればいいのでしょうか。未だ19世紀前の粗悪な地図が50%もあり、伊能図の完成から400年も完成に要する事態は、異常としか言えません。

　こうなった責任は、推進に消極的だった測量業界にもあると私は思います。もっと言えば、一刻も早く完成させることこそ、我々業界の使命なのです。

　地籍調査が終わった後は、全く違う未来があります。

　個人の土地の保全や土地の売買のほか、土地に関わる建築、土木工事の計画などあらゆる土地に係る社会資本整備には不可欠なものが地籍調査のデータです。地籍調査が終わると、このデータが利活用できるほか、計画などもパソコン上で確認することが可能になります。

　しかも市町村の費用負担は、公共測量単価の1%しかありません。こんな投資効果の高い事業が、他にあるでしょうか。全体を早期に完成する投資効果は、計り知れないものがあり、一年遅れると、その調査費の数十倍以上の損失を被ると言っていい。そのことを分かりやすく伝えることも必要となっています。

　今の異常を認識し、一刻も早く地籍調査を完成するために、関わる人にイノベーションを起こす必要があります。

　この本には、その根拠や理由と対策が書かれています。これを私は「地籍調査2050プロジェクト」として提言します。

　今の予算ではなく、今の考え方でもありません。もちろん、今のやり方でもありません。そのやり方こそ、私が考え組織し実践している「千葉長生方式」です。

何をすれば実現するのでしょうか。

　1. 全国的な啓発活動から予算を8倍にする。

　2. 利益が出ないと言われている部分を単価UPする。

　3. 就業人口を今の8倍の2万人にする。

　4. 従事技術者の育成教育をする。

　5. 千葉長生方式で大規模に進める。

　現在の地籍調査の境界に関する考えでは、完成は不可能です。筆界に正解はありません。正解のないものに拘っていては永遠に終わらないでしょう。早急に現実論に改めなくてはなりません。

　また、早期完成のためには、先進企業と地元の測量会社に調査士も参加連携した大規模な2項委託の社団法人を組織し、市町村に代わって包括的に行うことが重要です。

　この新たな取り組みの準備期間を2029年までに完了し、2030年から新たな方法でスタートし、2050年には全国の地籍地図を完成し、本来の21世紀(最新の技術と地図データの高度利用)が始まり、200年の遅れを取り戻す……これが「地籍調査2050プロジェクト」であり、そのための具体的な方策を書いたのが本書です。

まえがき

　令和元年8月7日、第4回全国地籍調査推進委員会総会が、東京で開催されました。名のとおり、地籍調査を1日も早く完成させることを目的として、さまざまな角度から一般市民や業界、行政へ、さまざまな情報を広報する一方で、「予算を拡大し効率的な調査をすることで早期完成を目指す」地籍調査の「新しい方法」を、一人でも多くの人たちに伝え、広めていくことを主な任務と考え、設立した委員会です。

　そのために、1都4県12支部（現在15支部）の委員が中心となって、議員、学識経験者、測量士、土地家屋調査士、関連技術者ならびに、その他一般の方々など738人の委員で、

2016 年 10 月に設立の運びとなりました。おかげさまで、この
5 年だけでも、私たちの推奨する方法で地籍調査に取り組んで
みようという自治体からいくつも声をあげていただき、私たち
の活動も決して無駄ではなかったという手応えと実感を感じて
いるところです。

　その「予算拡大と調査の効率化」によって地籍調査を進め、
1％でできる「新しい方法」とは、私たちが千葉の地で、2011
年から始めている「千葉長生方式」です。これは、一言でいうと、
地域業者を中心とした適格な法人が包括的な委託を受け、大
規模かつ効率的に進めて、10 年から 20 年で完成させる地籍
調査の方式・計画です。

　内容や特徴はあとで詳述しますが、これを使えば、行政は
費用負担が少なくてすむだけでなく、市町村職員の人的負担・
精神的負担が激減し、かつ早期に完成することで、業界には
利益が生まれ、土地を所有している住民の方々からは感謝され
ると言う、まさに「三方良し」の方式であることは、これまで
の事例が立派に証明していると、発案者の私が自信を持って保
証させていただきます。

　地籍調査を推進するには、何より地域住民の方々のご理解
が不可欠です。そこで広く住民の皆様を対象とする『みんなの

地籍』（展望社）を出版させていただいたのは、2013 年のことでした。

　住民の方々は、地籍調査の内容やメリットを、ほとんどご存じありません。土地家屋調査士に頼めば一件 30 〜 50 万円もかかってしまう「境界確定」を、費用負担なしにやってくれる事業だということを、一体どれだけの方が知っているのでしょうか。知識のないまま説明会に出席しても、その場で感じたご自身の疑問がすべて氷解することもないでしょうし、またご理解いただけなければ地籍調査がどんどん進む道理もない、ということから、住民の皆様に、測量の歴史や方法から始めて地籍調査のイロハまでわかりやすく紹介したこの本は、今でも説明会の席上などで大いに活躍しています。

　ただ、上梓した当初から、業界人からは内容がやさしすぎると、よくいわれたものでした。当たり前です。測量の「そ」の字もご存じない方に向けて書いた本ですから、日夜、測量に携わっているその道のプロが物足りなく感じるのは当然です。

　そう思って最初は看過していたのですが、その後、いろいろな地域で、私の考案した「千葉長生方式」が採用されていくにつれ、私の中に、千葉長生方式を「かたちだけ真似してほしくない」という大きな懸念と心配が生まれました。不遜な言い方に聞こえるかもしれませんが、あの「長生方式」には、魂と言っ

ていい、決して外すことができない重要なキモの部分があります。その魂を入れなければ、私のいう「三方良し」の地籍調査は多分実現しないでしょう。

　そこで今回、業界関係者や行政、なかでも市町村役場の職員の方々というプロに向けて、もう一冊の本を出すことにしました。先の本と内容的に重なる部分もありますが、そこはご寛恕いただければ幸せです。

　地籍調査に特化していない業界の方々は、「地籍調査は手間ばかり食って儲からない」とおっしゃいます。ほんとうにそうなのでしょうか。ではどうして、地籍調査専門の大企業が存在するのでしょうか。また、地籍調査以外の儲かる仕事をしているはずの今の業界に、若い人材が少ないのでしょうか。若者のいない業界に未来はありません。そんなネックを根本から破壊してくれる仕事、言葉を変えれば、私たちの業界に未来という光をもたらせてくれる仕事こそ地籍調査だと思っているのです。

　いや、思うだけではありません。地籍調査は「住民も行政も業界も、すべて笑顔になる」という「三方良し」の事業だからこそ、未来があるのです。実際、私たち長生郡市には、若手社員が途切れることなく入っていますし、メンバーとなった会社には、会社ごとの利益もしっかり確保できています。

2010年に策定された第6次国土調査事業十箇年計画では、東日本大震災の発生30年以内に70%の確率でくる南海トラフ地震や首都直下地震の急迫、財政事情の深刻化、測量技術の革新など情勢の変化を踏まえて、災害が想定される緊急性の高い地域の地籍の明確化を重点的に進めるとともに、最新の測量技術が導入できる環境の整備を図り、より効率的、より効果的な進捗を進める、ということになっていました。それを踏まえて策定された第7次国土調査事業十箇年計画では、「所有者探索のための固定資産課税台帳等の利用や地方公共団体による筆界特定の申請などの調査手続の見直し、都市部における官民境界の先行的な調査や山村部におけるリモートセンシングデータを活用した調査などの地域特性に応じた効率的調査手法の導入を行うこと」などにより、第6次計画の1.5倍の実績事業量を目指すことになっています。

　地籍調査は推進しなくてはなりません。もしそれが儲からないから進まないのなら儲かるようにすればいいし、手間が多くて大変なら、効率的にやる方法を考えればいいのです。私たちの業界は、昔からそうして進歩と革新を遂げてきたはずです。
　地籍調査についても事情は全く同じです。第7次十箇年計画にあるように、航空写真やリモートセンシング技術を使った

一筆地調査や地籍測量、車載３Ｄマッピングシステムの活用による測量、地図化作業のスピードアップなどの革新技術の導入、関係所有者の同意が得られれば現地作業を省略し図面等で調査することも可能となったことから無駄な作業をなくすなどで作業の効率化を工夫すれば、おのずと道は開けます。

　現在の地籍調査の進捗具合はわずか52％しかありません。地域的にもかなりばらついていて、人口が密集しているＤＩＤ地域など26％しか終わっていませんし、東京23区でいえば渋谷区のように、始まっていないところさえ珍しくない。そして、このＤＩＤといわれる地域の多くが、何年後かに確実に来るといわれている大地震の予想被災地でなのです。

　地籍調査の終わっていないところが大規模な天災の被害に遭うとどうなるか、私たちはいやというほど知っています。

　東日本大震災で地籍調査が29％だった仙台市は、境界確定のために公図や道路台帳など既存の資料を活用するしかありませんでした。液状化の被害にあった浦安市は、地籍調査がそれまで行われていなかったため、地籍調査を行ないながら復旧を進めるという方針を立て、比較図を作成しなくてはならないなど、かなりの手間と時間を使ったと言われています。逆に、世帯の99.5％が被災し、ほぼ全ての境界杭や境界鋲が流された陸前高田市では地籍調査が100％終わっているため、境界

の調査や測量の工程が省略でき、短期間で土地の境界を復元し、平成 30 年までに高台移転などの復旧復興が完了したのです。

　なんという違いでしょうか。インフラ整備や都市開発の推進ばかりでなく、防災の面でも地籍調査は不可欠なのです。しかも昨今の異常気象は、これまで以上に、これまでになかったような大規模な災害が起こることを充分に予感させてくれます。

　不平や言い訳ばかり言うのはやめて行動しましょう。

　予算がつかなくてできないなら、予算がつくように考え、行動しましょう。

　業界のやる気が足りないなら、やる気が出る方法を考え、行動しましょう。

　採算性のきびしい作業は、しっかりした根拠を提示した上で、単価アップを要求しましょう。

　市町村職員の負担が大きいなら、負担を減らす方法を考え、行動しましょう。

　住民の理解が足りないなら、理解を深めるような取り組みを考え、行動しましょう。

　これらすべては可能ですし、可能なことは、私たちがすでに「千葉長生方式」で証明したところです。

　これからその「長生方式」と「地籍調査 2050 プロジェクト」

の誌上プレゼンテーションを始めさせていただきます。順序として背景などもかいつまんでお話しさせていただきますが、耳にタコだなんておっしゃらないでください。聞き飽きたようなことでも、角度を変えれば新しい発見があるものですし、もしかすると私が重要視しているキモや魂が、そこにあるかもしれません。

　この本のタイトル「地籍調査が未来を拓く」のように、地籍調査こそ、日本の将来とともに、業界の未来を切り拓いてくれるものだと私は信じています。

　この本や全国地籍調査推進委員会で勧めている「方法」「方式」を採用し、効率化と予算確保を図れば今後 30 年で全国の地籍調査は完成します。これが私の言う「地籍調査 2050 プロジェクト」であり、決して夢物語ではありません。

　私たちの「やる気」で、国が変わり、業界が変わります。それを私たちの手で実現しましょう。

2021 年 10 月

石塚　修

*展望社刊　著者：石塚修　2013 年刊行

＊全国地籍調査推進委員会
　　　会員　15 支部
https://zenkoku-chiseki.net/

埼玉県	秩父郡市
東京都	世田谷区
	八王子市
	町田市
千葉県	千葉県
	香取市
	山武郡市
	長生郡市
	大多喜町
	袖ケ浦市
	木更津市
	君津市
	富津市
	市原市
静岡県	志太地区
兵庫県	美方郡

令和元年 5 月 31 日現在

1章　いま地籍調査は

1. 最初は 22 歳のとき

　私が初めて地籍調査に携わったのは、昭和 50 年、千葉県
長生郡一宮町でのことでした。22 歳のときです。

　これは「千葉県初」の取り組みでした。当時、千葉県の地
籍調査は、専門性が高く利益が薄いからと、県内の業者は敬
遠し、県外の地籍調査専門の測量業者がほとんどすべてを受
注していました。しかし、このとき一宮町役場では、終了後の
維持管理などを考えると、迅速機敏な対応のできる地元業者

がどうしても必要だと考え、地元業者の育成を旨として、地元業者の指名入札を行なったのです。

　これに、当時勤務していた「ふさ測量株式会社」が応札、受注したのですが、これが県内業者初の地籍調査受注となりました。そして、同時に私は県内業者初の主任技術者として、事業が終わるまでの５年間、一宮町の地籍調査に取り組むことになったのです。

　作業は正直大変でした。図根三角点の設置も必要でしたから、新たに購入した１級基準点測量用の測量機械を駆使して、図根点1700点の埋設と観測のほか、平板測量法による一筆地測量と地積測定、および複図の作業を懸命に行ないました。

　そんな作業の過程で感じたのは、測量とは違う、地籍調査の面白さでした。

　地籍調査はご存じのように「境界」を地図にする仕事です。とはいえ、どんな優れた測量機械を使っても、境界線は目に見えるものにはなりません。「境界」は、宅地でも山林でも、隣を接した地権者同士の理解と納得の上で初めて成り立つという地籍調査は、ずいぶん人間臭い仕事なのです。だからでしょうか、終わると必ず地権者からお礼の言葉が返ってきます。私のなかで「やりがい」が自然に生まれてきました。いま考えると、このときの体験がここまで私を地籍調査に駆り立てる全ての元になっているように思えてなりません。（一宮町の地籍調査は事実上100％、完了しています）

2. 大規模な地図混乱地域を独自の集団和解方式で

　つぎに主体的に地籍調査に関わったのは、それから13年たった昭和63年です。独立して5年、測量士と土地家屋調査士、二つの資格をもった私は35歳になっていました。場所は長柄町。そこの地図混乱地域の中にある道路が国の補助事業で拡幅されることが決まり、用地買収に伴う「用地測量および登記の業務」が、測量士のかたわら、地域で土地家屋調査士業務を行なっていた私に白羽の矢が立ったのです。

　工事が決まった時、地元業界からは、大きなため息が漏れました。そこは名高き地図混乱地域、拡幅する道路は600メートルでしたが、買収しなくてはいけない地域の正確な土地面積と境界を備えた地図を是正し、道路用地の分筆、所有権の移転登記をするには、ざっと10万坪の境界の再確認と再測量をし、地権者100人の実印による同意をとらなくてはならないからです。それがどのくらい大変なことか、みなさんなら、おわかりのことでしょう。しかも、補助事業ですから、工期は翌年3月末と切られています。

　でも、ちゃんと期限までにやり遂げました。そのとき私が取り入れた手法が、いまでいう「集団和解方式」です。

　時間もないし、地権者は膨大です。法務局の登記官と相談しました。従来の処理方法ではとうてい無理なことは明らかでしたから、地域内の「利害関係者全員が合意」した現況における境界線を採用、測量し、法務局に地図訂正の申出を行なおうと決めたのです。当然、これには「利害関係者全員」による、

株式会社コーケン本社

現状の境界線の確認（承諾書に実印、印鑑証明書が必要）が前提です。覚悟と手間と熱意が必要な方法ですが、やるしかありません。そして、その甲斐あって、地権者100人全員のハンコがもらえたときの達成感は、それまでに感じたことのない素晴らしいものでした。

　自慢できるのは、このときに私のとった方法が、私が知恵を絞ったオリジナルだったこと、しかも10万坪という大規模な「集団和解方式」を民間努力だけでやり遂げたのは、それまで例をみないものだったことです。

　このエネルギーになったのは、自分の仕事がたくさんの方のお役に立ち、たくさんの方に貢献できたという満足感でした。そのため、手前味噌に聞こえるかもしれませんが、これ以後、私はさらに人に貢献することが仕事を進める上での重要なモチ

ベーションとなり、社名も「コーケン」と変えるまでになったのです。

　以来40年以上、私は測量業界と土地家屋調査士業界で、測量士として会社を運営する傍ら、地籍調査だけでなく、公共用地測量、17条地図作成、14条地図作成、都市再生街区基本調査、四等三角測量、筆界特定業務、公嘱登記、公図混乱の解消業務、その他の土地家屋調査士業務など、地籍に関係する業務を一通り経験し、公嘱協会や測量組合などの共同受注や共同作業に携わってきました。そうした経験を積むにつれ、1日も早く地籍調査を終わらせなくてはという思いがどんどん募り、測量業界でも土地家屋調査士業界でも、「石塚に地籍調査の話をさせると夜が明ける」とまで言われるようになったのです。

3. 地籍調査とは

　地籍調査の意味と意義を確認しておきましょう。

　簡単にいうと、地籍調査は、1筆ごとの境界が明示された地籍図と地籍簿を作る作業のことです。もちろん、この境界は隣り合う所有者等が「確認」し、国土地理院が設置した基本基準点に基づいた正確な測量がなされたものを意味します。同時に土地の所有者、地番、地目、面積も調査し、できあがった地籍図は一般の閲覧と公的機関の認証を経て登記所に送られ、登記簿の記載が書き改められ、地籍図は不動産登記法第14条に定める地図として登記所に備え付けられます。

　なぜそんなことをするのか、という理由はごく簡単で、私た

ちが暮らすこの国の登記所には、明
治当初に作られた不確かな地図が
「地図に準ずる図面（不動産登記法
14条4項地図：いわゆる公図）」と
して備えられている場合が多々ある
からです。国土交通省のホームペー
ジにあるように、「登記所に備え付
けられている公図は、境界や形状
などが現実とは異なっている場合が
多くあり、また、登記簿に記載され

古今書院刊　著者：鮫島信行

た土地の面積も、正確ではない場合が多々あるのが実態」な
のです。

　私の愛読書『日本の地籍』の中で、著者の鮫島信行先生は、
こう書いていらっしゃいます。

　「公図は明治初期の地租改正の際に土地所有者が役人の指
導を受けながらつくった地引絵図を基につくられており、土地
の形や位置関係はほぼそれらしく描かれていても、正確には現
地と一致しない。とくに山については実測されずに作図された
談合図とか団子図と呼ばれるものが多く、大きな食い違いがで
ることもある……（中略）……また当時の水路や人馬道や田の
法は官有地として非課税扱いとされたことから実測されず、図
面上には無地番地として表示され、土地台帳にも記載されな
かった。これらの土地は現在法定外公共物と呼ばれ、道路敷
地に取り込まれていたり、上に家が建てられてしまっている場
合には現地での境界確認が難しく、地籍調査を行う上で大変

やっかいな問題となっている」

　また、公図が当時の現況を正しく写したものであったとして
も、最初の地租改正から140年以上経過した今、農地だけで
も150万haも増え、そこでは耕地整理事業など、さまざまな
開発事業が行なわれただけでなく、人口が5,000万人以上も
増えた状況を反映して農地や山林の宅地化も進みました。こん
な変化が的確に公図に反映されるはずもなく、公図と現況に大
きな乖離が生まれているのです。

4. 公図混乱の責任は

　この後、地籍調査が進まず、明治時代の不正確な図面が今
もそのまま使われていることによる土地取引の際のトラブルな
どにも触れていきますが、そんなことよりも私たちが忘れては
いけない一番の公図混乱の問題は、公図を作った時に今のよ
うな高精度の機器が普及していなかったことだけが問題ではな
い、ということです。

　混乱に輪をかけたのが、高度成長時代の地図（公図）の取
り扱いです。

　宅地造成などの時、大量の申請の処理に追われて、一部で
現地を確認することなく登記申請したことや、地積測量図の
作成方法などにも問題があったことが要因の一つなのです。つ
まり、公図混乱は100年以上前の「昔」の問題だけではなく、
高度成長期の宅地造成の時などに、不確かな地図の扱い方の
統一が確立されていなかったことによって生じた「現在」の問
題として残っていると言えます。

こういう問題をはらんだ地図が公図として 21 世紀の今でも使われていることは大きな社会問題であり、だからこそ、キレイゴトに聞こえるかもしれませんが、境界に関する調査・測量を業としている日本中の測量士と土地家屋調査士が、自分たちの責任として、一刻も早く全国の地籍調査を完了させることを肝に銘じなくてはいけないと、私は思っているのです。

　いま国民や経済界に注目されている地籍調査の意義は、主として災害復旧、防災に関してと、都市再生がらみでの土地の流動化に関して、です。ただ、残念ながら、国民の多くの人たちが地籍調査の重要性を理解しているかといえば、そうではありません。いや知らされていないと言ったほうが正しいでしょう。

　災害は「明日は我が身」の面もある反面、「忘れた頃にやってくる」ものです。また土地の流動化や都市再生といっても、多くの国民の皆様はその真の意義を十分に理解できず、不動産業や建設業の活性化くらいとしか理解しない方も多いのではないでしょうか。

　地籍の重要性がなぜ国民の方々に浸透していないのか、その理由を端的に言えば、境界問題が国民各人にとって一生涯に一度経験するかどうかの問題だからです。当事者にならない人には地籍情報の効用や重要性は実感できません。まして、行政の効率化や税制の合理化、土地市場の健全化という地籍調査の社会的便益などは、とうてい実感できるはずもありません。

　つまり、これから地籍の重要性について広く国民の方々に理解を求め、地籍調査を進捗させるためには、日常生活や経済活動のなかで、地籍の意義や現場の問題を直接的に自分のこ

ととして実感できる機会を少しでも多く作らねばならないのです。

　そこで役に立つことの一つが、先の公図混乱地域をなるべく客観的に示し、公開することです。法務局によると、全国に750地域、820㎢あると言われ、有名な六本木ヒルズ市街地開発の折には、公図や公用地境界査定図が現状とまるで合っていなかったため、境界の確認や面積の確定にほぼ4年もの年月を要したのです。

　つまり、公図混乱地域は、防災におけるハザードマップのように、土地取引におけるハザードマップに他なりません。市民への警鐘と情報提供が目的のハザードマップの公開は、当初、不動産価格への影響などで反対する方も多かったようですが、時代は明らかに変わりました。危険があるなら、それを公開しないのは言語道断だというのが現在の民意です。

　公図混乱地域も同じです。これまで境界問題については土地紛争の火種になるから、なるべく蓋をしておこうという傾向があったように思いますが、これからは、問題は問題としてきちっと公開していくのが、本当の意味での説明責任だと私は思います。そしてこの混乱を解決する手段としては、一般的には法務省の14地図作成作業により行われておりますが、年間の事業量等規模的なことを考えると、地籍調査でも土地家屋調査士と測量士が連携し実施することも有効な手段であると言えます。

　先述の鮫島先生は著書で、地籍調査のメリットについて、こう書かれています。

「地籍データは固定資産税業務のほか、幅広い行政事務に活用できる。都市再開発や公共事業の実施の際には、境界データを提供していく必要がある。電子地籍図に属性データを与えればGISの構築も容易だ。そのためには、地籍データが継続的に補正されていなかればならない。幸い、登記所の地図情報システムが整備され、コンピュータで地図の管理が行われるようになった。このシステムが、地籍データの活用につながっていくことを望みたい」

本当にそう思います。

5. 地籍調査をしていないと起こること

地籍調査をしていないと何が起こるかについて、国土交通省地籍調査 Web サイトを参考に、確認のため、私のコメント付きで書いていきたいと思います。

地籍調査の目的は「土地の境界や面積等を明確にし、地籍簿と地籍図を作成するもので、この成果は認証・承認がなされると法務局に成果が送付され、登記に反映されます。結果、土地の表示に関する登記の情報が正確なものに改められ、土地の境界を現地に復元することを可能にする」ことですから、地籍調査は境界をめぐる紛争を未然に防止し、土地取引の円滑化や土地資産の保全を図ることができるようになります。ですから、逆に地籍調査をしていないと、以下のような弊害が頻々（ひんぴん）と発生する可能性があります。

・購入した土地を改めて測ってみたら登記簿の面積と違っていた……地籍調査が未実施の地域では、公図が現地と合ってい

ないことがあり、その結果、不正確な情報に基づく取引が行なわれ、土地購入後に代金返還等のトラブルが発生するケースもあります。

・塀を作り変えようとしたら隣人から境界が違うとクレームをつけられた……土地の境界が不明確な場合、隣人との間で境界争いが発生するなど、土地トラブルに巻き込まれることがあります。そして、住民関係の悪化を招いたり、長期にわたる裁判での解決を余儀なくされたりするケースもあるのです。

・相続した土地の正確な位置がわからなかった……正確な地籍情報をないままにしておくと、いずれ相続等により境界を知る人がいなくなる恐れがあります。こうした場合、たとえ土地が登記されていても、その権利が適切に保全されないまま次の世代へ引き継がれていきます。

また、当然、土地区画整理事業や市街地再開発事業などの面的な開発事業や、道路や街路整備、マンション建設などの民間事業で進められる「まちづくり」でも地籍調査が行われていない時、特にそれが都市部では、関係者が多数となることもあって、土地の境界確認完了までの期間が長期化したり、それに要する多額の費用を開発者などが負担せざるを得ないため、土地利用やまちづくりを阻害する要因となります．

・最近特に増加している水害や地滑りなどの自然災害の時も、復旧の妨げになる……なぜなら、土砂崩れによって所有地の位置がわからなくなったり、土地の形状が変わった場合、元の境界に関する正確な記録がないと、復旧計画の策定や境界復元等に時間を要し、結果的に復旧が遅れることになってしまうか

らです。

　さらに市町村などでは所有する道路や公共施設などの公共用地を適切に管理しなくてはならず、隣地の所有者などから求められれば境界の確認もしなくてはなりません。このため地籍調査を実施していない地域では「境界が不明確であるために管理すべき範囲が正確に把握できない」とか「境界確認申請の件数が多くその事務処理が煩雑になる」などの問題が起こりますし、住民側にも個人的に境界確認の資料を作らなくてはならないため、その分コストがかかります。

　それだけではありません。公共事業や山林などの管理にも問題が出ます。

・公共事業に関わる用地の境界確定に時間がかかり、工事の着工が遅れる……地籍調査がすんでいない地域では、事業のたびに、現地で地権者の立会を求め実測を行なわなくてはいけないなどの無駄が生じます。また、事業採択後に現地調査を行なった結果、土地の境界について同意が得られず、事業の進捗そのものに多大な支障を生じることもあります。さらに土地の境界が不明確なまま公共用地の買収を行なう場合、買収に必要な土地以外についても調査、測量が必要となるケースがあり、この場合、実際の買収に関わる土地以外の測量結果は必ずしも登記に反映されませんから、その分の測量成果が有効活用されないまま無駄になってしまいます。ある自治体の例では、地籍調査が行なわれていた場合8ヘクタールの測量で良かったのに、地籍調査がすんでいなかったばかりに、2倍近くの15ヘクタールも測量しなくてはならず、1年で済むとこ

ろが3年かかり、1000万円の費用が3倍の3000万円にもなったそうです。

・山林などの管理にも支障がでる……ご存じのように、高齢化が進む山村地域では山林部の用地境界情報が不明確になっていることが多くなっています。これまでは、境界線上の植林木を狭く植える「寄せ植え」や、目標とする境界木、林齢や林相のちがいなどで、現地をよく知っている人なら、境界がわかることも結構ありました。しかし、代替わりが進んだり、間伐の時に境界木が枯れるなどで正確な境界情報が不明確なまま放置され、今では間伐など森林作業ができないなどの弊害が増えてきたのです。

　森林は、地球環境の保全、土砂災害の防止、水源の涵養などの多面的機能を有していますが、地籍調査を実施していない山村部では、境界が不明確であることも要因となって、森林の機能を維持するために必要な間伐などが行なわれない森林も一部には見られる状況となっていて、適切な森林管理の大きな障害になっています。ですから、そんな山林を地籍調査すると、山林境界が明確になった立会い参加者からは、自分が所有する山を確認できてよかったとか、子どもにも安心して相続させられるなど、好評なのです。

　というわけで、地籍調査が行なわれると、

・正確な地籍図が作成されるため、境界紛争等のトラブルを未然に防ぐことができます。

・土地の所在、地番、地目、境界及び所有者が明確になるため、土地利用計画が机上でも可能となります。

・災害等にあっても土地の境界を復元することができ、治山事業や砂防事業など、災害復旧が円滑、かつ迅速に進めることができます。

・正確な土地の状況が登記簿に反映されるため、調査測量を省略できることから迅速かつ円滑な土地取引に役立つ、ということになります。

　土地境界の調査に必要な「人証」や「物証」は、時間の経過とともに失われ、時間が経過すればするほど調査が困難になることが、容易に予想されます。ですから、実施するだけでなく、なるべく早期に始めて早期に仕上げることが、現在求められていると私は考えています。

6. 長期化による弊害・損失

　現在のペースで地籍調査を進めていくと、完成するまで200年くらい、いや、200年たっても完成しないかもしれません。20世紀は地籍調査にとって空白の世紀だと言われていましたが、もし21世紀も22世紀も空白の世紀になってしまったら、国民にとっても、私たち業界にとっても、大いなるマイナスです。

　というのも、現実に長期化による弊害か損失が、各方面に出ているからです。

　その1、個人の負担で測量しなくてはならない損失……地籍調査がすんでいないところで所有する土地を売るときに境界問題が起きたりすると、個人の負担で、その土地を測量する必要が出てきます。地籍調査が完了しているなら境界の確認も境界標を見ればいいし、隣人との了解も取れていて、住民の負担

は一切ありません。その負担は経済的にも精神的にもかなりのものになります。

その２、公共事業の用地取得が難航したり、莫大な測量費用をかけなくてはならない損失……地籍調査がすんでいれば、買収前の地権者の立会は省略することも可能なため、用地測量は図面上で機械的にどんどん進められます。逆に終わっていないと大変。公共事業は筆ごとに測量と立会が必要で、それは事前に地籍調査をやっておきなさいと言うことなのです。そして土地の境界立会は地権者都合ですから、その工事に反対なら立会にも来てくれません。その結果どんどん遅れるだけでなく、一つの測量に地籍調査単価の５倍以上も高い公共用地測量委託費を払い続けることになるのです。

その３、登記までの経年変化に対応するための損失……認証遅延が起こり、登記までの期間が長期化すると、地籍調査中に土地の分筆など一般登記事件が発生する可能性が高く、その度に地籍調査の成果も修正しなくてはなりません。登記するまでに起こった一般事件を組み込み、修正しないと、法務局でエラーが起きるからです。ですから地籍調査の期間が長くなればなるほど土地取引の件数が増え、件数が増えれば増えるほど、成果の管理に費用がかかることになるのです。

その４、事務運営費が増大するという損失……調査が長期化すればするほど、地籍調査に関わる市町村職員の人件費などが、年数に応じて増えていきます。しかも市町村が管理している道路、水路などの修理や拡幅などが始まると、それぞれ関係するすべての地権者に、官民境界の確認をしてもらわなけれ

ばなりません。

　ある市町村で2〜3人の職員が境界立会を担当しているとしましょう。市町村職員の人件費は概算で一人1年1000万円ですから、二人で1年2000万円、三人なら3000万円と言うことになり、地籍調査が10年も続けば、人件費だけで2〜3億円です。最近は境界確認代行と言って、土地家屋調査士に一任する市町村も増えてきました。それでも1件3〜4万円かかるだけでなく、職員にもやはりそれなりの対応がありますから、人件費がゼロになったわけではありません。

　しかも、市町村が負担している費用は人件費だけではないのです。説明会や立会などの準備、広報などの費用も、人件費と同様、年数に応じて増大していきます。一方、地籍調査が終わっていれば、境界が成果によって明確になっているため、現地での確認などの作業が省略でき、大幅な人件費の削減ができます。

　立会の申請がきたら、地籍調査の成果を見せて、資格者である代理人が現地で合っているかどうかチェックし、土地所有者からの確認書を取得すれば、現地に行かなくても測量師や土地家屋調査士の現地報告書等により市町村職員が机上でできるのです。ですから早く取り掛かって早く終わらせることの費用対効果は大きなものがあります。

　その5、今のような虫食いパズル的なやり方ではいずれ破綻するという損失（弊害）……地図作りの基本は、教科書にもあるように、全体を正確に把握する基準点を設置した後に、面的整備をやり、部分的な測量は後でやる、ということです。今のように土地所有者が必要な部分だけを先にやっていくと、つ

ぎはぎの虫食いになって、将来、パズルがくっつかなくなるのは目に見えています。現行の登記申請の際には、地積測量図を作成する上で、それぞれが小範囲を対象とする基準点や引照点などを使って成果を求めているため、全体での整合に難点があります。その上、それぞれの測量にはそれぞれの誤差があります。それを無視して、部分図を集めて全体の地図にしようなどというのは、所詮、無理な話です。そんなことより、まず地籍調査をして面で整備してしまえば、パズルがくっつかないなどという変な矛盾は一切なくなります。

7. 現在の地籍調査の進捗具合は

　繰り返しで恐縮ですが、令和元年度末時点での達成面積は52％、とくに人口集中地区と山林が遅れていることと、地籍調査を休止または全然やっていない自治体が21％、355市町村にものぼることが問題です。（資料1、2参照）

　地域的に大きなばらつきがあることも、大きな問題の一つです。東京都（23％）や神奈川県（14％）、愛知県（13％）、大阪府（10％）のように、20％前後しか終わっていない都府県が、今後確実に来るといわれる南海大地震、東海地震、首都直下地震などの予想地域に見事に重なっているのを見るたび、背筋が冷たくなります。防災の面でも地籍調査の完成が望まれているのです。

　詳細な進捗度は、国土交通省地籍調査のホームページをみるとわかります。それは、地籍調査に携わっている私たちにとっての大切なハザードマップです。地域にお住いの住民の方々含

め、関係者の皆様も、ぜひお住まいのところの進捗度をお調べになることをお勧めします。なにより地籍は所有している土地を「安全・安心」に守るものであり、地籍調査が行われていないのは、さまざまな弊害をもたらすことを意味するからです。

　そして何より大事なことは、今申し上げた損失や弊害のすべては、地籍調査さえ行なえば解消されるということであり、それを実現するには、行政や首長を動かせばいい、ということです。それは私たちが経験したように、決して不可能なことではありません。まず声をあげればいいのです。

　私は国家プロジェクトとして、「地籍調査2050プロジェクト」と題し、これから30年間で、つまり2050年までに、全国の地籍調査を完成させようという運動を始めるつもりです。幸い、昨年社長職を長男に承継し会長職になったおかげで、時間の余裕ができました。私の後半生の一大プロジェクトです。

　前著で地籍調査が進んでいないワースト10の都道府県に、我が千葉県も入っていましたが、地籍調査が進んだ現在はワースト7位から10位へと「躍進」しています。また、10年前の2011年は、千葉県全体の完成に1,000年を要する状況でしたが、10倍の予算が拡大した今では、100年で完成するところまでになりました。それは私たちの活動が実を結んでいる確かな証左であり、前著で「千葉県はここにきて事業量の拡大が進んできました。さらに順位が変わるのも時間の問題です」と書いていたことが、具体的に実証されたことに他なりません。

　その千葉県よりもさらにすごい進捗率で進んでいるのが和歌

山県です。平成 14 年度では 12％だったのが、令和元年度末時点ではなんと4倍の 48％、首長たちがやろうと決めたら、ちゃんとできるという格好の見本となっています。（資料4参照）

資料1
【地籍調査対象地域全体】

		対象面積 (km)	令和元年度までの実績面積 (km)	令和元年度末時点の進捗率 (%)
DID(人口集中地区)		12,673	3,259	26
DID 以外	宅地	19,453	9,89	51
	農用地	77,690	54,535	70
	林地	178,150	80,800	45
合計		287,966	148,486	52

【優先実施地域】

		対象面積 (km)	令和元年度までの実績面積 (km)	令和元年度末時点の進捗率 (%)
DID(人口集中地区)		9,895	3,259	33
DID 以外	宅地	13,517	9,892	73
	農用地	61,410	54,535	89
	林地	3,87	80,800	78
合計		188,694	148,486	79

・地籍調査対象地域とは、全国土 (377,974 km) から国有林野及び公有水面等を除いた地域である。
・優先実施地域とは、土地区画整理事業等の実施により地籍が一定程度明らかになっている地域及び大規模な国・公有地等の土地取引が行われる可能性が低い地域（防災対策、社会資本整備等のために調査の優先度が高い地域を除く）を、地籍調査対象地域から除いた地域である。
・対象面積等は、第 7 次国土調査事業十箇年計画の作成に当たって精査したものである。
・実績面積は、地籍調査以外の成果の活用（19 条 5 項指定）による地籍の明確化を含む、地籍整備が実施された面積である。なお、DIDの地図混乱地域を対象として法務局・地方法務局で実施されている登記所備付地図作成作業の実績を、地籍調査対象地域全体におけるDIDの令和元年度までの実績面積に合算すると 3,517 km となり、進捗率は 28％ となる。
・宅地、農用地、林地については、DID以外の地域を分類したものである。
・計数は、それぞれ四捨五入によっているので合計及び比率は一致しない場合もある。
※DID とは、人口集中地区 (Densely Inhabited District) の略語。国勢調査において設定される人口密度が
1 ha 当たり 40 人以上、人口 5,000 人以上の地域で、実質的な都市地域を表す。

資料 2

着手類型	市町村数	割合 (%)
完了	578	33%
実施中	808	46%
休止中	218	13%
未着手	137	8%
合計	1,741	―

現在、多くの市町村で地籍調査が実施されていますが、その一方でいまだに調査未着手の市町村も全体の8%あります。また、過去には地籍調査を実施していたものの、現在は様々な理由から調査を休止している市町村も13%あり、全体の約2割の市町村では、地籍調査が行なわれていません。

数値はいずれも、令和元年度末時点。（R2.5 月調べ）

資料 4　地籍調査が進んでいない自治体

	平成 14 年	平成 21 年	平成 21 年
大阪府	3%	6%	10%
京都府	6	7	8
三重県	6	8	9
岐阜県	8	14	16
奈良県	9	11	12
愛知県	11	12	13
神奈川県	12	12	14
千葉県	12	13	17
福井県	12	13	14
石川県	12	14	15
和歌山県	12	26	47
兵庫県	14	19	28
鳥取県	16	22	33

資料4　全国の地籍調査の進捗状況グラフ　令和元年度末時点
（令和2年度末時点・令和3年5月調べ）

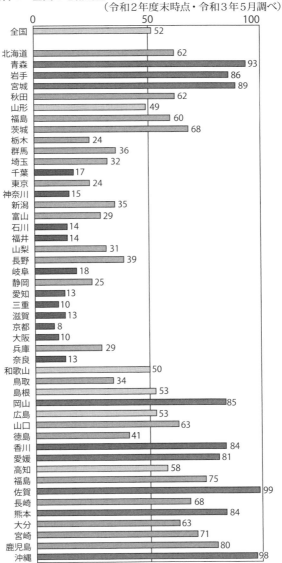

地域	進捗状況
全国	52
北海道	62
青森	93
岩手	86
宮城	89
秋田	62
山形	49
福島	60
茨城	68
栃木	24
群馬	36
埼玉	32
千葉	17
東京	24
神奈川	15
新潟	35
富山	29
石川	14
福井	14
山梨	31
長野	39
岐阜	18
静岡	25
愛知	13
三重	10
滋賀	13
京都	8
大阪	10
兵庫	29
奈良	13
和歌山	50
鳥取	34
島根	53
岡山	85
広島	53
山口	63
徳島	41
香川	84
愛媛	81
高知	58
福島	75
佐賀	99
長崎	68
熊本	84
大分	63
宮崎	71
鹿児島	80
沖縄	98

$\mathbf{2}_\text{章}$ 地籍調査はなぜ進まないのか

山間地域の境界確定

1. まず国土交通省のＨＰから

　国土交通省の地籍調査のホームページに、地籍調査の進まない理由が、一般的な要因、都市部、山村部とに分けて列記されています。(「」内は引用です)

●一般的な要因

　その１、地籍調査は、境界の確認などに時間と手間がかかる

「地籍調査の中で確認している土地の境界は、土地資産の基礎となる重要な情報であり、土地所有者など関係者の方々が双方の合意の上で土地の境界を確認することが必要です。このために、調査には多くの時間と手間が必要にな流という問題があります」

その2、地籍調査の対象地域が、より困難な地域へと移行してきている

「地籍調査は、より調査の実施が困難な都市中心部等へと対象地域の重点化を図っています。このため、地籍調査の実施面積が増加しない状況です」

その3、地籍調査への誤解

「普通の個人の場合は、生涯に土地取引等を行う回数は非常に限られています。また、地籍調査を実施していない地域でも、実態として土地取引等は行われているという現状もあり、地籍調査の必要性や効果が住民の方々に十分理解されていません。このため、地籍調査実施に向けた機運が高まらない場合が多く、調査がスムーズに進まない要因となっています」

その4、地方公共団体の予算や体制の確保が困難に

「地方公共団体では、昨今の財政状況の悪化や行政ニーズの多様化等により、地籍調査の実施に必要な予算や職員の確保が難しくなってきています」

●特に都市部で地籍調査が進まない理由

その1、調査に費用や時間がより多く必要

「都市部では他の地域と比べ、一筆ごとの土地が細かく分割

されており、小さな土地が数多く存在しています。また、土地
に関する権利関係が複雑な場合が多く、境界の確認に困難を
伴う場合が多くみられます。さらに土地の売買等に伴った所有
権等の異動も多く、この結果都市部は他の地域に比べ、調査
の実施は多くの費用と期間が必要になっています」

その2、土地の資産価値が高く境界確認に時間を要する

「都市部では土地の資産価値が高いこともあり、土地の所有
者等の権利意識が強く、境界の確認に非常に多くの時間を要
しています」

その3、住民の立会等の地籍調査への協力が得られない場合が多い

「都市部の住民には、トラブルにつながらないよう隣人との
接触をできるだけ避けたいとの意識が強くみられます。このた
め特に民有地間の境界に関する地籍調査について、現地での
立会い等の調査への協力を得られない場合が多く見られます」

●特に山村部で地籍調査が進まない理由

その1、登記所の図面の精度が悪い

「山村部においては、登記所に備え付けられている図面が、
そもそも精度上問題のあるような昔の図面を基にしている場合
が多く、現状と大きく異なっているなど、地籍調査を実施する
場合の基礎資料として使用することが難しい場合が多くありま
す」

その2、調査の優先度が高くならない

「山村部は、他の地域と比べれば土地取引等が少ないにも関

わらず、地籍調査を実施するためには一定の費用と手間がかかることから、山村部を優先的に調査を実施しようという市町村内の気運が高まりづらい状況です」

その3、調査が困難な地域が存在

　「山村部には、急傾斜地など危険な箇所や、山奥で容易にはたどり着けない箇所などもあり、測量や調査を実施することが困難な地域が存在します」

その4、土地所有者等の高齢化等の進行

　「山村部では、土地所有者等の高齢化や不在村化が他の地域と比べて著しく進行しており、またこれに合わせて山林の荒廃も進んでいることから、土地の境界の確認に必要な人証や物証が失われつつあります。このため、地籍調査を円滑に実施することが困難になってきています」

2. 進まない理由～もう少し本音の話を

　というのが、国交省のホームページに載っている引用ですが、一読して、実によくできたレポートということがわかります。ただ、この記載からは、例えば都市部で進まない理由として、市町村行政に対する日頃の不満が要因になっていることなど、住民の人たちや実際に地籍調査に携わっている私たちの生の声や感覚が、ほとんど聞こえてきません。それでは具体的な前進に繋がりませんので、私なりに「生の声」を追加することにしましょう。

　というのも、地籍調査が進まない一番の理由は、私たち業界が地籍調査に消極的なことにあると考えているからです。

ご存じのように、地籍調査は市町村の首長が「やろう」と言わない限り始まらない自治業務です。そして、首長の中には地籍調査をまったくご存じない方もいらっしゃいますし、地籍調査の重要性や意義について無関心な首長はさらに多いでしょう。そうなった理由の一つは、私たち業界から市町村への情報提供などの「働きかけ」が、決定的に不足していたからです。

　また、行政を動かすのは最終的に地域住民の声や要求ですが、それがあまりにも乏しいのも、私たち業界の「働きかけ」が、行政だけでなく住民側にも圧倒的に不足していたことを意味します。市町村が行なう業務のなかで、地籍調査ほど住民にとってメリットの多い行政サービスは、他にありません。あまりにうますぎる話なので、かえって「本当なの?」と、しばしば疑われるほどですが、そのほかにも多くの初歩的といわざるを得ない誤解がいまでも消えずに蔓延しているのは、私たち業界が情報提供に消極的で、怠慢だったせいというしかありません。

　私が前著を書いたのも、一人でも多くの住民の方に地籍調査のことを知っていただき、もし住んでいるところで地籍調査が行なわれていなかったら、市町村に向けて「一日も早く地籍調査をせよ」という声をあげていただきたかったからです。そしてあの本をしっかり読んでいただければ、説明会の会場で、参加者の人たちから、「ほんとうに費用負担がないのか」、「境界争いが起こるのではないのか」などという質問は出てこないはずです。

　実際、よくいわれる住民の方々の「誤解」のなかで、間違っていない唯一といえるものは、地籍調査をすると面積が増える、

ということくらいです。

　地租改正時に登録された登記簿面積は、測量精度のほか、税金を少なくしようと意図的に面積を少なく検測した結果、いわゆる「縄伸び」があることが一般的です。ですから、現在の測量機器を使って正確に地積を出すと、宅地で5～6％、山林で40～50％くらい増えるのが普通です。その分、固定資産税は増えますが、過去にさかのぼって課税されるわけでもなく、その土地の公正な課税額になっただけで、税金が増えたわけではありません。もし増えたとしても、山林や農地は、課税単価が極端に低いので増税額はそれほどでもないということがほとんどですから、面積が増えるのではと不安になる方には、「これまで税金面で得をしていただけです、よかったですね」と、いつも私は申し上げています。

　懸念される境界争いに火がついた経験も、これまでほとんどありません。たとえ一時的に揉めることはあっても、最終的には双方とも納得出来る解決が、費用負担なしに得られています。というのも、地籍調査の境界確認では、所有者がそれぞれ対等な立場に立って、利害関係のない測量士や土地家屋調査士という専門家が、周辺全体の測量をした結果、客観的かつ公正な立場で境界を判断しているからです。声が大きい方が勝つということはありませんし、それでも納得できないときには「筆界特定制度」を使って、法的な境界を特定してもらえばいいと説明しています。

　また、地籍調査が済んでいるところでは、過去に関係者が立ち会って確認した境界点を、地籍調査の成果をもとに復元で

きるため、境界確認が容易に行われますし、登記面積と実面積が一致しているわけで、土地取引に伴うトラブルも防止され、立会不調も大幅に減少します。

いずれにしても、地籍調査をした後では、境界確定訴訟が激減し、分筆登記の時間と費用が大幅に縮小されるのが一般的です。200平方メートルの土地を2筆に分筆登記する場合、地籍調査実施前なら65万円かかっていたところ、地積測量図の作成が容易になった地籍調査実施後では半額以下で済んだという話もあるのです。

3. 1%の費用負担でできる地籍調査

何度も言いますが、地籍調査をするのに、住民の費用負担はありません。これは地権者にとって、ものすごく大きなメリットです。土地の売買をするとき、売り主の負担で境界を確定し、測量し、登記しようとしたら、一箇所あたり数十万から数百万円かかります。それを費用負担なく行なう作業、それが地籍調査なのです。

また、市町村のメリットの一つとしてあげられるのは、費用負担が公共測量単価の1%から5%で実施できることです。100haを単位とする地籍調査単価は1ha単位とする公共測量単価の約20%前後と言われています。且つ、市町村の負担が25%であることから公共測量の5%の費用で実施できることになります。さらに特別交付税が交付される県市町村には特別交付税で負担金の80%が交付されるため、最終的な費用負担は公的測量単価のなんと1%で実施可能となるのです。(0.2×0.25

× 0.2)。

　行政にも住民の方々にも大きなメリットがあるはずの地籍調査がなかなか進まないのは、何度も繰り返して恐縮ですが、私たち業界が消極的で、実施に二の足を踏んでいるからです。

　業務上はっきりしているのは、面積あたりの単価がまるで違うことです。公共測量なら1ヘクタールあたりの費用は200万円から500万円であるのに対し、地籍調査は30〜100万円と5分の1しかありません。地籍調査は、公共測量と同じような仕事の取り組みや、やり方をしたのではとうてい黒字にならない仕事であり、よほど仕事の仕方を工夫し、熟練しないと利益が出せない事業ですから、これまで業界は一様に敬遠してきたし、推進しようという行動が全くなかったのです。

　なぜ面積当たりの費用が違うのかをわかりやすく説明しますと、公共測量における用地測量の単価は1ha（100m × 100m）あたりであるのに対し、地籍調査ではその100倍の100ｈａ（1km × 1km）が標準面積になっているためと解釈しています。言い換えると、地籍調査は大量生産方式でやらなければ採算が取れない仕事なのです。

　これには私たち業界の体質も大いに関係していたかもしれません。私たちの業界は、基本的に受注が全てです。行政や個人が仕事をくれる、業界はそれを待っているだけ。そんな消極的な待ちの姿勢が、今の業界の状況を表している、そこに気づかない業界の人たちが多いのではないでしょうか。そうではなくて、自ら汗をかいて事業を起こし体質を改善することこそ、業界の未来に通じるのだと、私は信じているのです。

4. 市町村職員の本音

　一方、市町村職員にも地籍調査は難しい仕事です。地籍調査で確認する土地の境界は土地資産の基礎というべき重要な情報で、それは所有者など関係者がそれぞれ立会って、納得・合意の上で確認しなくてはなりません。その舞台を作る市町村職員には、多くの時間と手間がかかりますから、おのずと負担がのしかかります。ですから市町村役場にとっても、大事な人手が割かれる、頭の痛い事業なのです。

　事業開始当時は境界を確認する一筆地調査を、市町村職員の直営でやってきました。つまり、地権者の調査から立会の段取り、複数の地権者に立ち会ってもらうための日時の設定とその通知など、すべて市町村の職員が行なっていたため、準備の段階から目の回るような忙しさになっていたのです。

　立会が一回で終わればまだいいのですが、1回で決まらず2回3回となると、そのたびに最初から仕切り直しとなって、スケジュールの調整だけでなく、職員の精神的なダメージはものすごく大きなものになっていきます。

　さらに山林などの調査では、半世紀以上人が入っていないところの藪を切り開き、急傾斜を登って、境界を確認してもらわなくてはなりません。一般的に地籍調査は夏から始まりますから、こうした作業の多くは炎天下で行なわれます。それがどれだけ市町村職員の負担になるか、容易に想像できるでしょう。ですから、人員の確保が困難になっているのです。

　市町村の腰が重い理由は、まだあります。地籍調査の市町

村負担分は 25%、そのうちの 80% は特別交付税から交付されます。つまり 5% の負担しかないのですが、特別交付税には内訳がありません。ですから市町村が感じる負担増が、そのまま残ります。そして、多くの場合、実質負担金の 20 倍にもなる事業費の額と財政難を理由に、事業に着手しないのです。

　そのほか、市町村の皆様にお聞きすると

・いったん事業に着手すると、長期間（概ね 10 〜 30 年以上）にわたる予算確保が必要となるため、厳しい財政上の中、事業実施に慎重にならざるを得ない、

・限られた予算のなかで、住民の要望や市町村の重点施策は福祉や基盤整備などで、地籍調査の優先順位が低い、

・大きな公共事業計画や開発計画がないので、地籍調査の活用面での利点が理解されていない、

・専門知識を持っている職員がいないため、事業実施に慎重になっている、

　などの心配も聞かれます。

　しかし、これらの心配や懸念を根本から払拭する解決策を、私はもっています。

　ですから、市町村職員の皆様は、私の尊敬する鮫島信行先生が著書『日本の地籍』の中で書かれていることを、虚心坦懐にもう一度、じっくり読んでいただきたいのです。

　「地籍調査は地味で苦労の多い仕事だ。境界の立会いや住民説明会では、休日や夜間の出勤も多い。境界確認は土地の所有権問題と切り離せない。このため細心の注意を払って調査を行っても、なお多くの苦情や不満と直面しなければならず、

精神的な負担も大きい……また調査が終わったからといって直ちに目に見える効果が現れるということもない。このため、対外的なアピールに弱く、切実な行政需要に結びつきにくい。地籍調査に従事する職員は、このような状況の中、労多くして報われないという思いを抱くことがあるかもしれない。しかし、実際には地籍調査は国家的事業であり、その長期的な効果は計り知れない。いわゆる公共事業ではないが、社会資本の整備という意味では公共事業以上に公共的な仕事であるといっても良い」

5. 地方創生には地籍調査が基本

　鮫島先生がおっしゃるとおり、地籍調査は社会資本の整備事業であり、その仕事を成就することで住民の人たちのお役に立つ、住民奉仕の公共事業です。

　私たちのまわりを見回してください。

　休耕地はいまも増えて続けています。放棄された造成地はそのままで、市街地などでは、いったん空き地になったところは歯抜けとなり、空き家が社会問題化しています。

　高齢化は加速しているし、過疎化も進行しています。税収など増えようがありません。それらがすべて放置されているから、さらに荒廃が進んでいく……悪循環です。

　これを根本から断ち切らなくてはなりません。そのためには、以下のような施策が必要なのではないでしょうか。

・中心市街地を再開発して賑わいを取り戻す、

・中心地と周辺部を結ぶ低価格の公共交通機関のインフラを

整備する、

・公共施設を中心部に集中させ、効率的なコンパクトタウンを
つくる、

・遊休農地を集団化して、再生可能エネルギーファームとして
活用する

・荒廃森林を、以前の里山のような、広葉樹と清流の森に再
生する、などなど。

　どれも大事なことです。そして注目していただきたいのは、こ
れらすべてに共通するのは、どれも土地境界ありきの事業であ
り、早い話、地籍調査は地方創生の最初に行なわなくてはな
らない不可欠の社会資本整備の事業だということです。

　実際、地籍調査をしておけば、決定から着工まで大幅なスピー
ドアップが図ることができるとともに、測量費用の大幅な削減
を図ることもできます。

　これも地籍調査完成の大きなメリットの一つです。

6. 地籍調査がもたらす国民や業界の利益

その1、国民の利益

・費用負担なしに公の境界の地図ができる……費用負担なしで
境界を明確にする最大のメリットは、精神的且つ金銭的負担が
ないことです。しかも、できた地籍図は公の成果で、その価値
も大きいものがあります。

・境界問題のない、安心の住環境が可能になる……公の成
果として決まったことで、その土地は安心・安全のものとなり、

境界が確定したおかげで近隣の所有者との境界問題もなくなり、いい関係を築くことができます。

・境界問題による精神的な負担がなくなる……明確な境界標がないことも少なくなく、その場合、境界が決まるまで非常に不安になります。しかし、地籍調査が終わっていれば、たとえ境界標がなくなっても、専門家に任せれば正確に復元できます。

・分筆や合筆登記が早く、安くなる……最速で即日に登記申請が可能となり、境界確定までの費用も不要となるので、当然、経費は激減する。

・4次元の土地台帳で、土地の管理も安心できる……境界線は2次元、地形図は3次元ですが、それに履歴（時間）を入れることで4次元の管理が可能となり、固定資産の管理台帳を作成すれば、土地取引、相続、分合筆、建築、造成、防災に大いに活用できます。

・土地利用計画などを境界立会不要で進めることができる……まちづくりなど、発表された土地の利用計画に反対する人もいます。その場合、もし境界が決まっていなければ、境界確認の立会などに協力してくれず、事業区域が決まらないで、事業が長期化することもありますが、地籍調査が終わっていれば、立会がなくても事業計画を進めることができます。

・全国の境界の地図が完成する……全国の地図が一枚でつながることの意義はとてつもなく大きい。これを2050年までに完成させるのが私の目標です。

その2、市町村の利益

・境界確認に要する人件費が削減できること。

・道路用地買収や事業用地、境界の用地確定測量に要する人件費と依託費が削減できること。

・都市計画や土地利用が図面上で計画でき、経費の削減と事業期間の短縮ができること。

・固定資産税額の公正な課税が可能となること。

・地籍データと3次元地図などをベースにした災害予知すシステムを作れば、市民の命を守ることが可能になること。

・3次元地図と地籍データを活用することで、道路や河川計画などルート選考がパソコン上で確認することが可能になること。

・レーザードローンで計測した3次元地形データが地籍図と融合することで、道路管理や埋設構物管理のIT化や、土木設計の土地利用計画などがパソコン上で確認できるようになること。

その3、業界の利益

・**業界各社の経営の安定と向上に寄与すること**…早期完成を目指すことで技術者の大増員、技術・貢献・事業拡大により大幅な改革のチャンスとなり、経営面の大幅な改善拡大が見込まれます。

・**社会的地位の向上により業界の評価が上がること**……社会に貢献する事業の拡大から、若手技術者の参入ともに技術力の向上を図り、業界全体の地位の向上に寄与します。

・**技術者の地位向上により人気職種となること**……貢献する事

業と高度な技術力やコミュニケーション力を駆使するとともに、働き方改革を実現することで技術者の認知度が上がり人気職種となります……夢？　いいえ、ぜひそうなってほしいと心から願っています。

7、完了後の利用者の声の一部をご紹介します

　地籍調査は様々な人たちに現実的に大きなメリットをもたらしています。その生の声の一部をご紹介しましょう。

その1、土地所有者の声

1、境界が決まってスッキリしました……地籍調査をやるまでは、隣との境界がはっきりしていなかったので、お互いの感情を悪くするのではないかと、境にブロック塀を設置することをためらっていました。その境が地籍調査で境界が明確になったので、胸のつっかえが取れました。

2、境界線を、お互い同士で決めるのは、やりづらかったけれど、地籍調査では、役所や専門家など第3者が調整してくれたので精神的にも負担なく決めることができました……

　当事者同士で境界を決めるのは、直接利害関係にある同士の腹の探り合いになるので、とてもやりづらく、かつ専門的知識もありませんでしたから、境界を決めることに正直、不安要素が多かったのです。しかし地籍調査では、双方の間に役所の担当者や専門家である測量士や土地家屋調査士が入って、自分の主張や相手の主張など仲介を通して聞けましたから、とてもやりやすく、スムーズに境界を決めることができました。

**3、地籍調査の結果、宅地の敷地面積が増えましたが、一部
分筆して地目変更をしてくれたので、結果的に固定資産税が少
なくなりました……**

宅地の面積は地籍調査の結果、縄伸びがあったため増加しま
した。しかし、宅地の裏の一部が長い間竹林だったので、地
籍調査の中で一部山林として地目変更してくれ、結果的に固定
資産税が安くなり助かりました。

4、相続時の財産分与の土地を売却するときに助かりました
……父親が昨年亡くなり、母親・兄弟で遺産分割協議を行い、
私が土地を相続することになったのですが、土地は自宅から随
分離れているので、処分することになりした。境界を決めて土
地の測量をすると3か月以上かかると不動産会社の方から言わ
れましたが、地籍調査が終わっていたので、すぐに売買契約が
成立しました。費用面の他、迅速な契約ができたことは地籍
調査のおかげです。

5、公の成果なので立会や測量が不要で助かった……

地籍調査が終わっていましたから、境界を決める立会や測
量の手間が必要なく、随分助かりました。

6、分筆登記が、早く負担も軽くなって助かった……

分筆登記をする際に、道路境界査定や個人の土地の境界立
会が不要であったため、普通なら3か月程度かかるところが1
週間で登記まで終わり、費用もとても安く上がりました。

**7、境界の杭がなくなったが、地籍の成果があったので復元
ができた……**

地籍調査時にはあった境界杭がいつの間にかなくなっていま

したが、地籍調査の成果があったので測量士に頼んで復元ができ、隣接地権者にも了解が得られました。

8、土地の管理台帳が容易に作成できて助かりました……

地籍調査での境界点は地球上の位置が明確になっているため、複数の土地関係の位置関係が明確で、航空写真や住宅地図と整合していましたから容易に重ね図ができ、土地の管理台帳として誰でもわかる図面と帳票管理ができるようになりました。

9、地図混乱が解消されて土地の価値が上がった……

私の土地は、公図の形状や位置が現状の境界と全く一致しない、いわゆる公図混乱地区にあります。そこでは、登記や不動産売買がほぼ不可能と言われていましたが、地籍調査の結果、市町村が介入して全体的な意見をまとめることができ、諦めていた公図混乱が生じている境界線が公に認められ、登記ができました。その結果、それまで売ることのできなかった土地が、普通の価格で売買ができたのです。

その2、行政の声

1、公共用地の境界査定時での現場での対応が不要になった……

市道の境界査定業務において、地籍調査の成果があれば、その地籍調査の資料を提供するだけで、現地で測量士や土地家屋調査士が確認することで査定が終わり、現場に出張する必要が無くなり、管理費用の削減ができました。

2、過去に買収した道路用地が合筆されたので管理しやすく

なった……

　過去に買収が繰り返された道路用地は、狭小の土地も多く、公図の表示されている地番や境界線が細かく複雑になって見づらかったものですが、地籍調査で合筆してくれたので見やすくなり、筆数も削減できたことで管理がしやすくなりました。

3、道路計画時など、確定している土地と筆界未定地などの把握ができたことで、大幅な事業期間の短縮とともに、路線測量や用地測量及び設計委託費用を大幅に削減できた……

　地籍調査が終わっている地域は、現況を把握する図面や写真など資料があれば、地籍図を重ね合わすことで図上計画（パソコン上でも）ができます。また、地形データを3次元化すれば、設計ソフトを使うことで、ディスプレー上で完成形を想定できるため、筆界未定地や非協力者などの土地を考慮した道路計画ができます。ですから、路線測量や用地測量・用地交渉・及び設計業務の手間を省力することができ、委託費用と事業期間を大幅に削減することができました。

4、土地関係の窓口処理が明確になり、処理が迅速になった……

　土地関係の資料などを請求されたときに、地籍調査の結果、パソコン上で現況と境界が整合の取れた地籍成果があるので、迅速かつ的確な資料を提供できるようになりました。そのため窓口業務が誰でも簡単に対応でき、効率や利便性が飛躍的に向上しました。

その3、ゴルフ場の声

1、全体の境界が座標管理となり、位置情報など正確な把握ができるようになった……

ゴルフ場内の地籍調査をしたおかげで、土地の管理や土地利用計画の際に誰でもわかる資料ができ、とても助かっています。

2、測量費用をかけずに正確な用地管理境界図ができた……

位置座標が公の国家座標となっているため測量しなくても正確な境界図が作成できるようになり、測量費用の大幅な削減ができました。

3、地籍調査で合筆したので、筆数が減って、とても見やすくなり、謄本代も安くなった……

地籍調査で合筆してくれたので、500筆あった土地が25筆となり、管理図が見やすくなっただけでなく、謄本代も以前の5％になったので助かりました。

その4、土地家屋調査士の声

1、分筆登記の見積もりが正確にできるようになった……

従来は境界立会業務が土地所有者によって左右されましたから、最初に見積もっても赤字業務になることが、ままありました。しかし、地籍調査が完了しているところでは、その不特定要素が無くなり、結果、依頼者にも見積額に納得感が得られるようになりました。

2、境界関係の業務期間の短縮ができた……

地籍調査の成果を確認する作業をすればよいので、従来の

立会業務の日程や再立会などの調整や説明に多くの手間をかけていたことから比べると、大幅な業務期間の短縮ができました。

3、立会が楽になった……

地籍調査で境界が決まっている前提があるため、境界を聞くという行為やお互いの主張を聞く必要が無くなり、境界線が不明であったりお互いの主張に相違がある時にも、境界線の提案などをすることが不要になったので、精神的に楽になりました。

4、立会の省略ができるようになった……

地籍調査が終わっているところでは、土地所有者が、地籍調査で境界など決まっているので書面だけで良いと言ってくれる人が多くなり、立会が省略できるようになりました。

5、道路対側地の立会不要……

地籍調査が終わったので、道路対側地の立会が不要になり、作業が効率的になりました。

6、一筆地全体測量を省略することができる……

地籍調査が終わっているところでは、分筆するときにも筆全体を調査測量する必要が無くなったため、その分、費用も安くすることができ、依頼者に喜ばれています。

7、以上の結果、依頼者にとって費用面や工期の短縮に大きく貢献できるようになった。

8、土地家屋調査士にとっても、安定的な業務の遂行と共に効率向上により経営面でも大幅な改善につながり、赤字業務が激減した。

その5、測量会社の声

1、公図調査等の調査や地図転写図等の作成時間が激減した……

　以前は、字別だったり、飛び地があったり、土地区画整理や土地改良などで作成した公図があったので、資料収集に手間を要しただけでなく、それぞれの図面が整合しなかったため一枚の図面にすることができず、極めて非効率的でした。しかし、調査後はシームレスで地籍図ができているため、作業が正確かつ効率的になりました。

2、立会の調整に不特定要素が激減し技術力・生産性に効果があった……

　従来は、境界が不明であったり、土地所有者に聞いてみるまで分からなかったりするなど、不特定要素が多くあった立会業務も、地籍調査後は、事前調査測量により地籍成果との整合を見ることで、不特定要素が激減しました。現場の班長は地籍調査の成果による説明をすることが主な仕事となりましたから、精神的な負担の激減は目を見張るものがあります。

3、不調処理などが激減した……

　地籍調査では筆界未定地が明確になっているため、筆界未定の解消業務を土地家屋調査士や弁護士などに任せることになったため、不調処理の件数が激減しました。また、地籍調査に基づく復元の場合、現状と一致しない場合や過失があったと推測される場合の対応の時にも、不特定要素が少なくなったので効率的になりました。

その6、不動産会社の声

1、地籍調査地区の売買の契約率が上がるとともに、境界確定までに対応する業務が無くなったので利益が上がるようになった……

　従来は境界が確定するまでの時間や経費がかかったものですが、地籍調査が終了していたので即売買契約ができ、契約まで立会いに関する連絡や交渉業務が大幅に削減されるため結果的に利益が増えました。

2、地籍調査が済んでいたので早く売れたし、早く買えた……

　これまでは、地権者の方が売りたいと思っても、境界が明確になってない場合はすぐに売れませんでしたし、境界確定するまでの費用は売主の負担でした。しかも、最終的に境界が未確定になるケースもあり、お金をかけても無駄になることもあったのです。長期化すると売主買主の気持ちが変わってしまったこともあったので、売買の業務は、早いほど良いというのが原則です。

3、事業計画が図上で可能となった……

　土地利用計画に使う図面が自社で作成できるとなったため検討費用が激減し、検討物件を多く扱えるようになりました。

4、事業期間が短縮された……

　境界確定までの不特定要素が激減したので、契約までの日数の短縮ができ、経費の削減にもつながりました。

3章 地籍調査に関する「誤解」を解きます

　ここまで説明しても、まだモヤモヤしたものが頭や胸に残っている……としたら、それはいろいろな「誤解」が澱（おり）のように残って、スッキリしていないからではないかと思われます。一度思い込んだ誤解は頭の中から簡単に無くなることはなく、私たちの思考を知らず知らずのうちに支配し、結果として、次の行動の足を引っ張ります。地籍調査に関しては、その「誤解」が様々な分野に幅広く及んでいますので、その誤解や本音の一端をQ＆Aの形で紹介しながら、氷解のお手伝いをしたいと思います。

1. まず市町村の誤解と本音から

その1、地籍調査には莫大な費用がかかる

答　いいえ、かかりません。一般の公共測量の1％、または5％

の費用負担で地籍調査ができます。

地籍調査の市町村の費用負担は、国と都道府県の補助があって25%となっていますが、交付団体の場合、25%の80%（つまり20%）が特別交付税として事業年度内に交付されるため、最終的な負担は残り5%ということになります。

　そして、実際に測量の費用をみると、平均的な地区の1ヘクタールを公共測量するとざっと200万円かかりますが、地籍調査の1ヘクタール分の費用はおおよそ40万円ほどですから、地籍調査を実施した市町村は5分の1の費用でやったことになります。この費用の負担率と単価の対比をかけ合わせると、**5%の5分の1ですから「1%」で地籍調査ができる**という計算になります。

　つまり、市町村にとって地籍調査は公共測量をした場合のわずか100分の1の費用でできる、言い換えると、タダ同然のような費用対効果が絶大な事業だといえるのです。

　市町村の方は、よく予算がないから地籍調査ができないとおっしゃいます。しかし事実は全く逆で、お金がないからこそ、地域住民と市町村自身に様々なメリット（**住民の費用負担ゼロ、高精度の現況測量図と地籍図が融合することで多目的な利用が可能**）をもたらす地籍調査をやるべきなのです。

　もちろん地籍調査では実施する面積が広い分、費用も時間もかかります。だからと言って、莫大な費用がかかる事業ではありません。私が推奨する方法（千葉長生方式）でやれば、職員の負担もずいぶんと削減されます。

さらに地籍調査は６月ごろ発注し、翌年の３月ごろに完了、業者には４月ごろに入金というスケジュールになっています。市町村は最後にお金を支払えばいいのですが、以前は国などからの補助金が遅くなると、市町村が立替払いをしていました。**今は年度内に特別交付税や補助金が入金される**ようになっています。つまり、一言でいえば、財源が特になくても、地籍調査は早くやればやるほど効果が出る事業であり、逆にやらないことの損失は膨大な事業なのです。

　では、特別交付税のない非交付団体はどうなのだという話になりますが、それでも公共測量の５％の費用負担でできる、費用対効果が絶大な事業ということに変わりはありません。これは消費税率よりも低いパーセンテージです。

その２、　２項委託にすると費用負担が増えるから面積を増やせない

答　全く逆です。包括委託により対応する必要な職員数の削減が市の単独負担金の削減となることから、**人件費の削減金額の５倍から 20 倍の事業量**に充当できます。

　２項委託とは、平成 22 年度の国土調査法改正に伴い、第 10 条２項の規定に基づいて導入された発注形態で、「外注」に加えて、各工程における工程管理まで業者に委託するというものです。私が推奨する方式も２項委託の一つのバリエーションですが、行政に広まっている２項委託にすると費用負担が増えるため面積が増やせないという誤解は、全く大きな誤りです。

ちょっと計算してみましょう。

2項委託にした場合の地籍調査経費は、市町村職員の人件費（単独費用）と2項委託の委託費（75%補助）の合計です。

市町村職員の人件費を一人年間1千万円とします。地籍調査を市町村直営（平均として測量は外注で3000万円＝1km²程度→750万円の費用負担）でやっている場合、普通は職員4〜5人でチームを組んでやっていることが多いでしょう。結果として市町村単独費用5000万円に事業負担分750万円を加えた5750万円を投資して、一年間の成果は1km²（4〜5千万円）にしかならないという矛盾を生じることになります。これは民間のビジネスモデルではありえません。なぜなら、市町村職員は、計画準備・工程管理・検査のほか一筆調査に5千万円の費用をかけているのに、1人あたりにすると、1千万円ないし2千万円弱の仕事しかしていないことになるからです

一方、2項委託では、この職員の人件費を究極まで減らせます。2項委託でやる場合、市町村の職員は1人かせいぜい2人、長南町の例でいうと、2億円以上の仕事に、ついた役場の専従の職員は、ほぼ1人だけ（しかも、ほかの業務と兼務）でした。

さて、**直営と同じように単独費5千万円をかけて地籍調査を実施した場合を試算してみましょう。職員一人(単独費1千万円)単独費用との差額4千万円を使えば、25%の補助から4倍の1億6千万円の事業が実施できることになります。更に特別交付税の80%補助を考えると、さらに5倍8億円の事業が実施できることになります。これは職員一人当たり人件費の何と20倍もの事業量です。**

2項委託を実施する私たち業者への発注費は1割弱割増になりますが、補助対象ですから、その負担は75％ないし95％が免除され、驚くほど費用負担が増えるわけではありません。

　ポイントは、**2項委託により職員数を削減した人件費の5倍から20倍の事業が包括的に実施できるということです。**

その3、　2項委託にすると役場の職員が仕事を覚えられない

答　工程管理と成果品などのチェックの徹底を職員の仕事にすればいい、実作業はプロに任せてください

　市町村役場の不安の一つは、2項委託のように業者に「丸投げ」すると、業者の思うままになってコントロールできないというところにあると思われます。わからないわけではありませんが、それでは地籍調査に関わる職員が、我々測量士や土地家屋調査士並みの知識と経験を有しなくては、仕事にならないのでしょうか。

　プロから言わせていただくと、それは無理な話です。測量士や土地家屋調査士は国の資格であり（試験はかなり難しい）、私たち一人一人がこれまでに費やした時間と経験は、職員の方とまるで違います。同じレベルになれるわけがありませんから、業者に任せられるところは任せたほうがいいのです。

　業者の思うままにならなければいいのであれば、それにはいい方法があります。

　まず一つは、**進捗度に合わせて、「工程のチェック」を月末ご**とに徹底的にやること。これには国のチェック内容が決められ

ています。工程のチェックを徹底されたら業者は手が抜けません
し、仕事の遅れをごまかすこともできません。

　もう一つが、「**成果品のチェック**」の徹底化と厳密化です。

　職員の方がこの二つのチェックに特化すれば、業者の思いの
ままになる現場など、この世からなくなります。きつい言い方
になって恐縮ですが、中途半端な知識を持って、中途半端なこ
とを口にするから、ごまかされたりするのです。基本は「餅は
餅屋」、任せるところは任せてください。

**その４、 ２項委託にすると業者の言うままになりそうな不安が
ある**

答　大丈夫、入札条件を変えれば、そんな不安は解消できます。

業者の思うままにならないためのもう一つの方法、それは入札
の条件を工夫して、「**高い専門性**」「**豊富な実績**」「**機動力**」「**経
営の安定**」という**４条件**を充足させることです。そもそも発注
者が不安に感じる一番の原因は、これまで営業力だけの地元
業者に発注してきたことに由来するのではないでしょうか。そこ
で、このように入札条件を変えれば、誰でも簡単に入札に参加
できなくなります。これは今回のテーマである「千葉長生方式」
と密接に関わってくるのです。例えば**地元で社団法人を作れば、
１社だけでは保証できない経営の安定も数社がまとまること
で保証できますし、人数がいる分、機動力は確保でき、専門
性が不足なら先進企業とタイアップ**するということで、この４
条件全て満足できます。

その5、筆界確定率を100%にしたい

答　できる範囲で地権者の理解と協力を求めていきますが、それを超えた調整については、業務の仕様を超えた要求になります。

　私たちも「不調」の箇所を出さず、虫食いにならない地籍調査になるように努力していますし、そう願って作業をしています。ただ、そのことと、何が何でも筆界確定率100%を目指すというのは、根本的に意味が違います。

　筆界については諸説ありますので、ここでは少し長くなりますが、私の考えを述べさせていただきます。

　ものの本には、筆界は動かない不動のものとあります。では、その元々は一体何なのでしょう。明治初期、地租改正の時に作成して図面が「公図」となり「公簿」となっていきました。公図は村人たちの私法上の所有権である「所有権界」を図面化したものですから、筆界が作られた時には筆界＝所有権界だったのです。そして境界争いとは、その後の歴史の中で、公図などに過失や故意の問題があって所有権界の位置と合わなかったり、所有者同士が話しあって所有権界の位置を変えたにもかかわらず、どちらの場合も公図などを訂正していなかったために、所有者の変更や忘却、資料の紛失などでトラブルに発展していったわけです。

　根本的な問題は、「筆界は目に見えない」ということです。寳金敏明先生がご著書『境界の理論と実務』（日本加除出版）で明確にご指摘されているように、私たちの業界では「筆界は神

71

『境界の理論と実務』（日本加除出版）

のみぞ知る」と言ってきました。

　明治初期からもう150年以上経ったいま、当時のことなど誰も知りません。地籍調査での境界を全て筆界でやれというのは、現実問題として不可能です。そんな不可能なことを担当者や業者に要求することはやめてください。そのために担当者や業者は精神的負担が増大し、時間外労働は増え、過重労働が重なった結果、健康も悪化するでしょうし、社員の時間外労働が増えた企業は経営が悪化してしまいます。

　令和2年度の国土調査法及び不動産登記法の改正により、不調の案件については、どちらかの地権者の承認を得て事業者（市町村）が登記所に筆界特定の申請が出来るようになりました。この制度を活用し、不調箇所の境界確定は市町村から行なっていただきたいと思います。

　ではどうするか。私たちの業界には、こういった土地の境界問題に長年かかわってきた先人の知恵の結晶があります。もともと筆界と所有権界は一致していたわけですから、「筆界」を探すときには、土地所有者との「境界確認の立会」を行ないます。そして、そこで確認した「所有権界」が「登記記録」や「地図・公図」、「地積測量図」などの資料と矛盾しなければ、その

「所有権界」を「筆界」と推認する方法です。この方法は、私があとで申し上げる方法と実によく似ていて、「同じように考える人がいたのだなあ」と、改めて感心した次第です。

　具体的に言いますと、境界を決める際に、隣り合っている地権者に来てもらって、例えばブロック塀の下に境界標があって、双方が境界はここでいいとなったら、そこを筆界として測量する、だめだという時は「不調」として、あとは個人で測量なり、専門家に頼むなりして筆界を決めてもらえばいい、というものです。それは所有権界であって、筆界ではないとおっしゃる方には、筆界とは一体何ですかと、逆にお聞きしたい。要は「推定」の境界ではないですか。推定はどこまでいっても推定で、事実ではありません。しかし、所有権界は事実であり、その証明書が境界確認書なのです。

　この「筆界と所有権界を地籍調査の目的に沿った考え」で地籍調査を進めていけば、スピードアップするのは間違いありません。

　しかも、この鉄則は、いま進捗が遅れている都市部でこそ輝きます。人口密集地の宅地では、あらゆるところに現況を示す「標」や「鋲」があるからです。ブロック塀のない宅地は少ないし、垣根などもあって、隣家との境を示す何らかの仕切りが、ほぼ全てのところにあります。話し合うなどして問題がなく、法務局の資料とも矛盾しなければ、それを「境界」であると認めればいいのです。つまり所有権界で決めて、万が一決まらなかったときにだけ、筆界論により過去の資料などを見て筆界案を作ればいいのです。

この鉄則が多くの市町村職員のみならず、業界人にも知られていないのは、本当に残念なことだと思います。同時に、筆界を求めすぎようとして、かえって自分たちの首を絞めているという現実に、関係者は1日も早く気がついてほしいのです。筆界に真実はありませんし、筆界は土地所有者にはわかりません。土地所有者は所有権界を境界だと認識しています。

　地籍調査を実施する全地域において、本来の原始筆界を追求することは不可能です。筆界を求める推定論ではなく、所有権界の確認とした現実論から進めないと、地籍調査は永久に完成しません。

　さらに言えば、推定線である筆界に、半永久的な期間と莫大な費用をかける意義はありません。**地籍調査は土地の保全と土地利用を目的とした事業であり、早期完成が絶対条件です。**

　地籍調査を別の言い方で言うと、土地の境界線の地図作りであり、正確な地籍を表すものであり、私は日本全土をシームレスにつなげる一枚の地図作りと考えています。ですから、あまりにも進捗の遅いことに愕然としています。完成に1000年以上を要する市町村があるようですが、目的をはき違えているとしか言いようがありません。

　また、測量の精度は、全地域の最高の測量精度又は平均的な精度というよりも、保証できる最低限の許容精度であると定められています。法務局の地積測量図は、所有者どうしが所有権界として確認した境界線に基づくものであることは保証できますが、筆界として保証できる地積測量図は皆無に等しいのではないでしょうか。したがって地積測量図は筆界として保証で

きるものではなく、所有権界として保証できるものとなっている
のが現状ではないかと思うのです。

　地籍調査においても、このような考えで調査していくべきだ
と私は考えます。

その6、過去の査定図や地積測量図と数値的に合わせるようにしたい

答　これも困った問題です。過去のデータは誤差が多岐に渡っ
ていて、数値としての整合は不可能だということを認識していた
だきたい。元の地図が何をどのようにできたものかをご存じな
いから、こういう無理な要求が出てくるのです。

　今、パソコンの画面で座標を測るとミリ単位で出てきます。「だ
から何?」と聞きたいくらいですが、職員によっては出てきた数
値が絶対だと勘違いしています。そして、「その数値に合わせて
ください」と、いとも簡単におっしゃいます。

　確かに地積測量図には、過去に立会をして測量をし、図面
を書き、座標はこうですと明示してあります。ミリ単位で出てき
た数字の元は、その「図面」ですが、どの図面にも測量誤差
がありますし、現地に地震が起きて地殻変動もあったりします。

　東日本大震災で、石巻市「牡鹿」の電子基準点が東南東方
向に最大5.3メートル、最大1.2メートル沈下したというのも事
実であり、過去のデータには、そんないろいろな誤差が詰まっ
ているのです。ですから、もし図面同士がくっついたとしても、
センチ単位、ミリ単位の数値が合う道理がありません。それな
のに業者によっては、合わない合わないと、何度も測り直しを

したりします。無駄な努力というしかありませんし、そんなことを業者に要求する理不尽は、ここらあたりでもうやめにしてほしいものです。

　昭和 30 〜 40 年代に平板、間縄法で計測、作成された地図があったとします。この計測は 5 センチ単位だし、平板でも 5 センチ単位でしか表現できません。その図面を読み取り、三斜法かプラニメーターで面積測定をします。同じところを現在はトータルステーションで 1 ミリ単位の計測をし、そのままパソコンに入力、プロッターで作図して、座標法で求積します。

　この二つ、それぞれ 500 分の 1 で作図すると、形はほとんど同じでしょうが、辺長は最大 5 センチ、プロットの時に 5 センチ、読み取る時に 5 センチ、合わせて 15 センチの誤差が出る可能性があります。しかし、それでも位置誤差が 15 センチ、公差が 45 センチという「甲 3 の精度制限内」に収まるはずです。それは、この誤差が計測などのミスで生まれたのではなく、単にそこまでの表現ができなかっただけに過ぎないからです。

　現実に、図面上で復元したらブロック塀の 20 センチ先に境界が来た、などということが、時々起こります。では、その 20 センチ違う位置が正しい境界なのでしょうか。もし、その根拠がもともと 50 センチ違っていいという図面を読んでの数字としたら、20 センチは 50 センチの誤差内に入っています。間違いではないのです。つまり、「図面ではなくて、現況が正しい」。これが原則です。

その 7、法務局の登記官の考えに沿った地籍調査をしたい

答 登記官一人一人の考えも違うし、現場もそれぞれ違うので、統一的に行なうのはかなり難しいことになります。

　登記官によって、成果を持っていた時の対応が違います。

　前の登記官はこれでいいと言っていたのに、今度の登記官には否認されたりします。よくあることです。登記官は基本的なことは一致していても、それぞれ状況や環境も違いますし、主観もあります。また、現場も同じ現場は無いし、その都度違うので、いったいどの登記官のどの主観に合わせろと、職員の方はおっしゃるのでしょうか。

　そんなことより、ちゃんとした考えに基づいた地籍調査の進め方を貫く、というのが本道であり原則です。また、言い負かされる業者側も、論理的な勉強が必要ですが。

その8、地元業者に頼みたい

答 理解できますが、業者ごとの実績や機動力の格差が大きい上に、地元業者だけではチェック機能が満足に働かない恐れがあります。

　誤解しないでいただきたいのは、私は地元業者にこだわるのは良くないと言っているだけで、何も地元業者が良くないと言いたいわけではないということです。あまり地元、地元と言っていると、役所と業者の間に主従関係が生まれ、役所も甘く業者も甘い、そんなことにもなりかねません。実際に成果の改ざんや捏造などを実施した業者がおり、昔からの業者ということでチェック機能が働いていなかった残念な事件もありました。

しかも業者間の格差は大きく、ちゃんとした競争原理を働かせることが健全化にとって必要不可欠です。

逆に「実績の豊富な専門業者に頼みたい」という市町村もあります。その場合にも、入札条件を明確にすれば、地元業者でも高い専門性を持った企業が応札できないということはなくなるでしょう。地元業者が結束し、先進企業と連携した2項委託法人を作れば盤石です。

その9、首長が任期中にやりたいと言っている

答 いいことです。私たちの方式で早期完成を目指しましょう

ある首長さんから「5年で地籍調査ができないか」と聞かれたことがありました。その時私は、「包括委託による大規模な適格法人であれば可能です」と答えました。

首長さんは、地籍調査を始めることを決定すると、完了するときにも現職でいたいと願うものです。一方、職員は、得てして少ない事業量でゆっくりゆっくりやりたいと思っていたりします。しかし、実際に一般的なやり方（直営方式や外注方式）で地籍調査を始めると、着手した地籍調査が終わるまでの間、係員は張りつけになって、人事が止まってしまいます。職員からすると、担当になるのを嫌がるのは当然でしょう。そんな意味でも、私たちの「千葉長生方式」を採用して、職員の負担を軽くし、且つ人事異動も支障なく可能にして早期に終わらせることが、市民はもとより首長さんにも職員の方々にもいい方法だと思います。

その 10、昔の地籍調査は精度が悪いのでやり直したい

答　例外もありますが、多くの場合、精度が悪いのではありません。測量した時の精度区分がそうであったのです。一度やったところをやり直すのは後回しにして、とにかく未着手地区を優先してやりましょう。

　先にも述べましたが、精度区分という概念がお分かりになっていないようです。

　最近の機器の進歩が素晴らしいのは認めます。では昔の測量はいい加減なことをやっていたのでしょうか。そうではありません。伊能忠敬の日本地図など、あの時代、あの測量機器でも、あれだけのものができています。それは昭和の時代、平板法でやっていた時も同じです。私たちの先人はどの測量においても正確を期していました。測量が正確でなかったのではなく、その表現方法に限界があっただけなのです。

　よく使った 40 × 50 の平板法の場合、縮尺 500 分の 1 の地図なら、芯の太さ 0.2 ミリ（かなり尖らせています）の鉛筆で作図した時、最低 10 センチの誤差が出るのです。そのための精度区分であり、範囲内に入っていればよく、多くの場合、過

精度区分	筆界点の位置誤差		筆界点間の図上距離又は計算距離と直接測定による距離との差異の公差	地積測定の公差
	平均二乗誤差	公差		
甲一	2cm	6cm	$0.020m+0.003\sqrt{S}m+\alpha$ mm	$(0.025+0.003\sqrt[4]{F})\sqrt{F}$ m²
甲二	7cm	20cm	$0.04m+0.01\sqrt{S}m+\alpha$ mm	$(0.05+0.01\sqrt[4]{F})\sqrt{F}$ m²
甲三	15cm	45cm	$0.08m+0.02\sqrt{S}m+\alpha$ mm	$(0.10+0.02\sqrt[4]{F})\sqrt{F}$ m²
乙一	25cm	75cm	$0.13m+0.04\sqrt{S}m+\alpha$ mm	$(0.10+0.04\sqrt[4]{F})\sqrt{F}$ m²
乙二	50cm	150cm	$0.25m+0.07\sqrt{S}m+\alpha$ mm	$(0.25+0.07\sqrt[4]{F})\sqrt{F}$ m²
乙三	100cm	300cm	$0.50m+0.14\sqrt{S}m+\alpha$ mm	$(0.50+0.14\sqrt[4]{F})\sqrt{F}$ m²

失以外は許容範囲内に入っています。

　この場合には、精度区分乙1で半径32センチ以上の許容範囲があります。測量の作図は誤差を認めているし、そんな誤差（許容範囲内）のある図面を読んでいる作業だということを忘れてしまった測量士が勘違いをして、座標とこんなにちがう、測り直しだと騒いだりするのです。騒ぐだけならまだしも、実際に測り直すとなったら、いったいこれまで測量について、どんな勉強をしてきたのかと、本人を問い詰めたくなります。

　何度も言いますが、図面の座標が正しいのではなく、精度区分による許容範囲であれば現況地物が正しいし、過去にやったところを測り直す時間と予算があるなら、その時間と予算を未着手地区に振り向けるのが正しいと、私は考えています。（現地に境界標などがないときは昔の平板法の地籍図を読んで座標をそのまま復元した位置が境界であり、もし境界地物があって、それが誤差範囲内にあれば、それが境界となります）

＊資料5 不動産登記規則第10条4
地図を作成するための一筆地測量及び地積測定における誤差の限度は、次によるものとする。
一　市街地地域については、国土調査法施行令（昭和二十七年政令第五十九号）別表第四に掲げる精度区分（以下「精度区分」という。）甲二まで
二　村落・農耕地域については、精度区分乙一まで
三　山林・原野地域については、精度区分乙三まで

その11、以前うまくいかず休止にしたところだからやりたくない

> **答** 考え方ややり方を変えて再スタートしなければ、いつまでたっても地籍調査が終わりません。

　寝た子は起こさないでおこうとか、一度やって不調になったところだから、あそこは手をつけたくないというところが結構あります。市町村の職員は事情もよくご存じですから、「あそこはふだんから近所づきあいがうまくいっていないから、立会に来てくれないかも」と、不安顔になったりします。やる、やらない、どちらにしても市町村の職員には、ストレスがたまる話です。そうだとしたら、「やる」と決めて、やり方を工夫しましょう。

　幸い地籍調査では、当事者同士が1対1で対峙することはありません。必ず我々専門家が間に立って、立会などの作業を進めて行きます。ですから、普段はともかく、専門家が間に入るならしようがないなと思ってくれることもありますし、我々のほうから、お互いにここら辺りで決めましょうよと、アドバイスすることもあります。

　寝た子を起こすのではなく、やり方と考え方を改めて再スタートすれば、寝た子も起き出して駄々をこねたりしないのです。

その12、ドローンでやれば簡単に終わるでしょう

> **答** ドローンは確かに便利な道具ですが、実際の測量はそんな簡単なものではありません。

　ドローンは航空機よりもずっと廉価であり、低高度、低速度で測量できる、素晴らしい道具です。しかし万能ではありません。宅地では使えないし、樹木など障害物が多いところでも、樹木

などの陰になれば測量できません。地面に埋まっている境界標を見つけることもできません。見えない境界標はたくさんありますし、仮に全ての境界標が見えたとしても、境界線は見えません。確認した境界線は杭（境界標）と杭を直線に結んだ線であり、隣り合った地権者同士が納得しての境界線だからです。ドローンは便利な道具に違いありませんが、過度な期待は事業遂行の妨げになります。

> ### その13、山の境界確認は大変だし、立会もやめたい
> **答**　現地作業省略でできるやり方が2020年度から始まっています。

　山林の地籍調査は大変です。まず、先の精度区分の話とは違い、精度そのものが極めて低く、古い公図が多く、境界情報が不明瞭であること、現況とのずれが大きいこと、高齢化や過疎化の急速な進行のため土地所有者の所在確認が年々困難になっていること、他に境界に詳しい人もいないことから境界情報の収集や測量自体が難しいこと、そして、昨今の異常気象で地滑りなどの災害が頻発、激甚化する可能性が高まっていることなどが大きな理由です。

　植林など管理されているところは、まだ良いのですが、長年放置されているところは草や木が生い茂り、道は崩れ、現地にたどり着くのも難しい、というのが現状です。この仕事を始める半世紀前、測量士のハンドブックを初めてみたとき、頑丈な登山靴と鎌や鉈などを測量機器と同じような重みで用意するようにと書かれていて、いったいどんな仕事なのかと驚いたこと

を覚えています。

　そういう現実を踏まえ、2020年度から始まった新しい方法が「リモートセンシングによる地籍調査手法」です。詳しい内容や手順については省略しますが、極めて雑駁（ざっぱく）に言ってしまうと、衛星画像を使ったり、レーザーを搭載した航空機やドローンを使って、山の地表面を表わして境界線を特定し地図を作る方法です。

　レーザーを使えば、樹木が生い茂っていても、地表面を表すことができます。山林の境界は、尾根や山の背、谷、法尻などになっていますからそれらの現況データと過去の資料や公図や登記簿などの面積を参考に、境界線を決めて集会場で説明し、地権者から承諾が得られれば、それで完了という方法です。現地測量は主要な基準点のみで現地に杭を打つこともありません。あるのは国家座標だけです。

　もちろん、整然と管理されている山林では現地で立ち会ってもらい、境界を教えてもらって、そこを測量します。

　このリモートセンシングの技術を使えば、危険な現地に足を踏み入れることもありません。レーザーなどで作成した地図と参考資料を見てもらうだけですから、今までより安全でかつ効率的です。

その14、不調処理（筆界未定）も業務のうち、工期内でやってほしい

答　本来、不調処理（関係者間調整）は地籍調査の費用には含まれていません。

地籍調査では、一度「不調」になったら、四方が筆界未定地となって、それで終わりです。その不調を処理するところまで、費用にも入っていないし、業者に権限はなく、関与もできません。

　ただし現実は、業者がかなり無理をして工期内で不調処理をやっています。業務の対応にきっちりとした完全さがないと、役所からの要求を受けざるを得ない状況になってしまうからです。もちろん、いったん不調になったところを登記するには、かなりの手間と時間、費用が地権者にかかってしまいますが、業者としてもその分、作業量も増えるし、精神的な圧迫もかなりのものがあります。

　ただ自分がやってきたことに自信を持っている業者だったら、どういうことになるでしょうか。私は、その年度は筆界未定を成果として報告し、次年度の業界の閑散期、4月から6月に、筆界未定になったところの境界案を作り、現地に復元して、地権者に見ていただくという風にすればいいのではと、提案します。

　このような状況もあって、最近は、認証遅延が目立つようになり、会計検査院から改善を求められたことが記事にも載りました。今後は、2項委託により地籍調査の実作業はしっかりとした法人に任せ、市町村・都道府県の職員は定められた工程管理や検査に専念することが、ますます重要になってきています。

その15、土地所有者にできるだけ配慮した対応をしたい

答　理解できますが、あまり遠慮をしすぎるのも、時には悪化の原因になったりすることも認識してください。

住民サービスですから、住民の方々に気を遣うのは当然です。ただ、言葉には注意していただきたいと思います。例えば、立会をやって境界標を打ちます。説明会で役場の職員の人たちは住民の方に「できるだけ大事に保存してください」と言います。しかし、それでは少し不足です。境界標をきちんと保存するのは地権者の義務であり、工事などで動かしてしまうと、その復元には隣人の立会などが必要となり、かなりの費用がかかることなどを、きちんと付け加えてください。それが結果的に地権者の利益にもつながります。

　また、曖昧な言葉や、期待を持たせるような言葉も、職員の方々は使うべきではありません。典型は、「あとで検討してみます」でしょうか。職員の方々の気持ちは、検討はするけれども解決は約束できない、ということなのに、地権者はやってくれると錯覚したりする。そういう食い違いがありますから、いうべきことは正確にいうこと。妙な遠慮のしすぎは双方ともによくありません。

2、業者側の誤解、あるいは本音

その1、自社一社で少しでも長くやりたい
答　事業の長期化は土地利用者に不利益をもたらします。

　経営者なら、会社を長期に安定的に存続させたいと誰しも考えます。そのために地籍事業をできるだけ安定的に永くやりたいと願う。そして毎年やっていれば、社員も慣れてやり方もわかり、利益も生まれます。私も経営者の端くれですから、その

お気持ちは痛いほどわかります。しかし、それは誤解というより間違いです。

企業市民という言葉があるように、企業も社会的存在であり、単独では存在していません。いたずらな（あるいは故意の）長期化は、市民に損害のみもたらすということを、ぜひ認識していただきたい。キレイゴトをいうなとおっしゃるかもしれませんが、世の中、本音だけでは渡っていけないというのも、経営者ならご存じのはず。建前に固執するのも時に必要なのです。

時々、「人がいないから百年くらいかけて地籍調査をやればいい」とおっしゃる業界人もいます。言葉がきつくて恐縮ですが、それは業界の背任行為です。私たち業界の使命は、1日も早く全国の地籍調査を完成させることであり、それ以外にありません。人がいないなら、募集して採用し教育すればいいのです。

こういうと、言下に「募集をかけても社員が集まらない」とおっしゃる。はっきり言って、この情報過多の時代、魅力のある企業、将来性がある企業と思われなければ、人は来ません。だから、魅力のある企業にすればいい。こんなに将来性がありますと、きちんと応募者に説明できる会社になればいいのです。自然と人は集まります。

経営者の使命は企業の存続だけではありません。「良い会社づくり」、それも経営者の大事な使命です。その意味でも、地籍調査は私たちの業界に誇りと未来をもたらす絶好の仕事なのです。

その2、専門業者や管外の業者とは一緒にやりたくない
答　先進企業と一緒にやったほうが、社員も成長し、利益も早

く出ます。

　いつもの仲間とだけ仕事をしたい……言葉を変えると、それは「「地元エゴ」というしかありません。市町村も巻き込んで、なあなあの関係でやれば楽でしょうが、より良い成果を出せる保証が全くなく、これは地域住民の方々に不利益のみもたらします。地域も会社もオープンにするべきです。外の風を入れなければ、健全さは保てません。

　わたしは管外の先進企業と協働した時の興奮と効果を、身をもって体験しました。彼らは、私たちが「利益が出ない」と考えている地籍調査で、数百人規模の社員を抱え、大きな利益を出している企業です。規模など、どうにもならない違いはありますが、隣に机を並べて作業していると、まさに目から鱗、様々なものを実地に学ぶことができ、私たちの仕事に役立っています。このOJTの効果は素晴らしいものがありました。

その3、利益が出ないから大きな規模の地籍調査はやりたくない

答　やり方次第で利益は出ます。だからこそ、先進企業に学ぶのです。

　地籍調査は面積が大きい分、やり方が悪いと、利益が出るどころか、赤字になってしまいます。何しろ公共測量の5分の1の単価です。しかし、その地籍調査でしっかりした利益を出している先進企業は、ノウハウなどをタダでは教えてくれませんし、小さな事業費のところにも来てくれません。ですから私は

予算を増やすような運動をし、事業量を大きくすることに努めています。数千万円以上（過去年度の実績として0.5億円から2億円）の仕事を依頼すれば、指導料なしで惜しみなく教えてくれます。一緒に働けばノウハウなどもわかります。教えてもらうと言っても、必要以上に卑屈になることもなく、同じ仕事をする人間同士、ごく自然な関係ができますし、その中で学べます。

　そして私の経験では、早く利益が出たのも先進企業との協働の時でした。

その4、均等な配分が望ましい
答　それでは誠実に努力している会社が成長しません。均等は不公平です。

　横並びになって安心していては、企業の成長はありません。努力が報われる配分にしなければ、新たなモチベーションも生まれないでしょう。

　私はこんな性格ですから、よく叩かれます。「あいつのところだけ儲かっている」という陰口も、しょっちゅう言われます。事実は全くそうではありませんが、人が来ないとか利益が出ないという、暗い後ろ向きの話には加わりたくありません。利益が出ないなら出るようにする、人が来ないなら来るようにする、それが経営者たる務めです。企業の誠実な努力や地元への貢献が素直に認められる風土を作りたいのです。

　私は、最近コーケンをもっと目立つ会社にしようと決めました。外見だけが目立つのではなく、実績が目立つ企業、募集すれば人が列をなしてくれる企業です。国土交通省関東地方

整備局の測量業者ランキングでは 74 位で、千葉県で 2 番目になっています。中小企業で全国トップレベルにする。そうすれば、あんな小さな会社がこうなったのだからと、同業者が目指す会社になり、この業界が変化し覚醒するのではと思うのです。そんな貢献をしたいと考えています。

その5、署名活動なんかしたくない

答 署名は予算確保のため、首長や政治家が動くいちばん確実な方法です。

署名活動は、後でお話しする「千葉長生方式」のキモの一つであり、啓発活動の大切な内容の一部です。ただ、ここではもっと広げて「義務」と考えてください。義務と権利、いろいろな仕事の場面でよく言われます。どの場面でもはっきりしているのは、義務を放棄しての権利の主張はあり得ない、という原則です。

私たちは「署名活動」を何より重視しています。私たちが足で集めた署名の束は、住民の声の集積であり、選挙で選ばれる首長や政治家を動かす最大のものです。多数の住民の声を無視した政治活動はありません。そして政治家が動けば、予算も確保できます。

予算確保は、全国展開の署名活動から始まるといっても過言ではないのです。

予算は、私たちがかいた汗の量に比例します。

その6、早くやってしまうと仕事がなくなる

答　業界の生存のために事業を先延ばしにするのではなく、全国民のために早く終わらせて、**21世紀本来の仕事を始めましょう。まさに「地籍調査で未来を拓く」**です。

　21世紀本来の仕事とは、3次元4次元の地図を利用し、現場作業なしでも可能な土地利用計画や社会資本整備を実現することです。そのスタートは、正確な境界地図と現況地図を重ねることです。

　レーザーを搭載した航空機やドローンを使えば、高精度の地表面の地図が衛星画像を使うより、ずっと楽にできます。これは土地利用計画などに大いに役立ちますが、今ある江戸時代並みの精度の悪い地図には重ねることができません。だからこそ地籍調査を一刻も早く終わらせて、重ねられる地図を整備したいのです。

　この地図がない日本は、まだ21世紀の測量の仕事ができる環境になっていないのです。同業者や仲間内で褒めあっていても仕方がありませんし、仕事がなくなるなどと言っていますが、なくなるわけがありません。みんな先のことを考えていないだけです。

　例えば地籍調査成果を数値・文字情報化して、地域情報システム（デジタル地籍図）を作ります。ここに航空写真やドローンの測定データから読み取られた家屋外形情報や、所有者、地積、地目、地価などの属性データを重ねます。これで土地単価の補正に必要な間口、奥行の測定や蔭地割合が自動で出ます。すると、正確かつ短時間で固定資産現況把握ができますし、

着色図面や所有者・地目などを付記した地番図など、様々な図面が任意の縮尺で出力できるようにもなります。行政ばかりではなく、不動産業界の方にも大いに役立つのではないでしょうか。

　さらにこのシステムが法務局から送られてくる最新の土地によって常に最新の状態に更新されるようにすれば、庁内の必要な部署にリンクする統合型ＧＩＳなども構築できるでしょう。これが総合的かつ多目的な土地情報システムであり、ドローンなどを使った新しい地図づくりの具体例の一つです。

　さらにいうと、地籍図データと地形データ及びリアルタイムな情報収集により豪雨災害などで、**災害を予測することで、事前の避難指示により命を守る地図システム**も実現可能です。

4章 地籍調査を早く終わらせる ための工夫 【行政の工夫】

一般社団法人長生郡市地籍調査協会 社員名簿

	会社名 or 事務所
1	株式会社　コーケン
2	株式会社　三陽測量設計
3	株式会社　セントラルサーベイ
4	株式会社　ミヤモ設計
5	株式会社　美幸測量
6	伸一測量設計　株式会社
7	光和測量　株式会社
8	有限会社　カナザワ測量

1. 地籍調査の実際

　地籍調査は、いうまでもなく国土調査法に定められた、国土交通省が所管する国土調査の一つです。国有林や公有水面をのぞく一筆ごとのすべての土地について、所有者、地番、地目（土地利用の現況）を調査して、境界と面積（地積）を測量し、その結果を記録して、現況にあった正確な地図（地籍図）と簿冊（地籍簿）を作成することが目的です。

　一筆ごとの土地は、最新の測量技術で測量し、縮尺 250 分

の1（主として宅地）〜 5000 分の1（山林や牧場など）の地図をつくります。この測量は国家三角点に基づいていますから、その土地の位置や緯度・経度は「世界測地系という世界共通の基準における位置座標」によるものとなります。

　この国土調査事業は令和2年度から、第7次 10 箇年計画（2020 〜 2029）に入りました。主な改正点は、新たな調査手続きの活用や、地域の特性に応じた効率的な調査手法の導入を促進することで地籍調査の円滑化、迅速化を図り、実施面積を第6次の実績の 1.5 倍、15000㎢を目標にし、進捗率も、優先度の高い地域から実施しなくてはいけないことから、優先実施地域進捗率を提示することとなりました。

　そして、所有者不明地については、固定資産課税台帳などの利用で所在の探索をしやすくし、それでも不明な場合は、地方公共団体による筆界特定申請や筆界案の公告などで境界を決め、山林部においてはリモートセンシングデータを活用して図上で境界を決めることで現地の調査を省略することを認めたり、都市部では、官民境界調査を先行して、公共用地部分だけでも登記できるようになりました。これらが盛り込まれた省令が決定され、本格実施は 2021 年からで、現在進行中です。

　施策の内容については言いたいことが満載ですが、とにかく、19 条5項指定など、あらゆる手段を活用して、地籍の整備の拡大を目指すという国土交通省の姿勢には、大いに賛成です。

2. 地籍調査の進め方

　次のAからHの工程を、一般的に2〜3年で調査が終わる範囲を一つの区域として設定し、すべての工程が終わったあとで、都道府県に対して認証手続きをとり、その後、法務局に地籍簿、地籍図を送付するというのが地籍調査の概略です。

　A工程〜地籍調査事業計画の策定、および事務手続き（調査を実施しようという市町村が関係機関と連絡や調整をし、住民などからの要望もふまえて、いつ、どの地域を調査するかという計画を作ります）

　B工程〜地籍調査事業着手のための準備（調査体制の確立、事前調査、補助金申請など）

　C工程〜地籍図三角点の設置（測量の基礎となる基準点を設置）

　D工程〜地籍図根多角点の設置（一筆地測量の元となる点を設置）

　E工程〜一筆地調査（調査の元となる素図の作成、所有者、所在、地番、地目、境界の調査…現地立会い）

　F工程〜1地籍細部図根測量（一筆地測量をするために必要な補助図根点を設置します）

　　　　　　2一筆地測量（筆界点の測量）

　G工程〜地積測量（各筆の面積を測定）

　H工程〜地籍図および地籍簿の作成（調査結果の図面および簿冊のとりまとめ、閲覧）

　そして、住民の皆様に関わりの深い作業は、次のような順で

進めていきます。

　1、住民への説明会……地籍調査に先立ち、該当地域の住民の方々を対象に、地籍調査の内容や必要性、調査の日程、作業実施者などについて、説明会を開きます。

　2、一筆地調査……道水路などの幅杭打ちのあと、土地所有者の立会いによって境界などの確認をし、プラスチック杭を打ちながら土地利用の現況である地番や地目を調査します。

　3、地籍測量……地球上の座標値と結びつけた、一筆ごとの正確な測量を行います。

　4、地積測定、地籍図など作成……各筆の筆界点をもとに正確な地図を作り、面積を測定します。

　5、成果の閲覧、確認……地籍簿と地籍図の案を閲覧にかけ、誤りなどを訂正する機会を設けます。期間はふつう20日間です。

　6、登記所への送付……地籍調査の成果である地籍図と地籍簿は、その写しが登記所に送られます。登記所では地籍簿をもとに登記簿が書き改められ、地籍図が登記所備え付けの正式な地図として備え付けられます。

　これまで都市部で地籍調査が遅延した原因は、ひとえにE工程（一筆地調査）の難解さです。C工程・D工程は、ＧＰＳの発達で的確な観測計画をたてれば、誰が測量しても、ほとんど同じ成果を納めることが可能になりました。けれども、E工程は、土地の沿革を調査し、個々の主張を調整の上で地権者の立会を求めて、真の境界を確認する作業ですので、どんなに測量機器が発達したからといって、機器頼みで、この工程を効率よく処理することはできません。必要となるのは、亀の

甲より年の功、反復継続して、土地の調査・測量に従事して経験を積み、酸いも甘いも嚙み分けられる専門家ということになります。

3. 国の施策

　地籍調査が思うように進まなかったため、国も、いろいろ知恵を絞って、推進を働きかけてきました。その一部が、都市部では「官民境界等先行調査」や、令和２年度から「効率的手法導入推進基本調査」と名称が変わった「都市部官民境界基本調査」であり、山村部ではこれも「効率的手法導入推進基本調査」と名称が変わった「山村境界基本調査」です。

　民民境界（民地と民地の境界）まで調査すると地籍調査がなかなか進まないため、まず行政の面でも効果が高い官民境界（道路や水路と民地との境界）を先行して実施すべきと考えたのが「官民境界等先行調査」です。この調査では街区内の民地の境界については確認しないことが特徴ですが、官民境界や官官境界の確認の時には、地権者の立会を求めています。その時、民民境界の確認もすればと、私は思います。そうすれば、その地区の地籍調査が終わり、大して手間が違うとは思われないのに、もう一歩の踏み込みがないことが、まことに歯がゆく残念です。

　また、平成16年度から始まった国の直轄事業が、「都市部再生街区基本調査」です。

　官民境界等に関する資料の収集と現地踏査、現況測量のための基準点の整備、公図の数値化、公図上の角（公図の四隅

など）の現況調査、そして成果を取りまとめてデータベース化するもので、何よりの効果は地方自治体の尻叩き効果でしょう。東京区部の場合、平成12年度には墨田区、葛飾区、北区の3区しか着手していませんでしたが、この基本調査が終わった平成21年度には17区が着手していることからも、その効果のほどが理解できます。

　さらに平成22年度からの第6次10箇年計画で始まったのが、「都市部官民境界基本調査」です。官民境界の典型は道路ですから、道路と民有地の境界線である都市中心部の街区外周の測量を先行してやって、市町村が行なう地籍調査の基礎にしようというものです。

　実際、地籍調査をやっていないところで道路や水路と宅地などの境界を確定するのは、地権者が多くて大変ですから、その道路との境界が明確になっているだけでも、あとの作業がずいぶん捗（はか）ります。

　基礎的な情報提供が目的ですから、土地所有者による官民境界立会はしません。その前段の資料をつくるもので、後年、この調査結果を使って、地籍調査（官民境界等先行調査も含みます）を実施することと、調査結果の移管や基準点の維持管理に同意できることが事業実施の条件です。そして、国から調査結果が移管されたら、「3年以内」に地籍調査や官民境界等先行調査を実施するというわけです。

　一方、山林部門の調査を、都市部同様、精力的に進めるための方策が、「効率的手法導入推進基本調査」と名称が変わった「山村境界基本調査」です。山林部では公図の精度がきわ

めて悪い地域が多いうえに、土地所有者の高齢化や村離れが進んでいて、境界に関する物証や人証がどんどん失われています。そこで、その地域に詳しい人が現地を踏査し、公図などと見比べて境界情報を集め、簡単な測量をして図面などにまとめるという作業です。土地所有者の立会や精密な測量はしませんが、土地境界に関する情報を簡易な方法で、より広範囲で保全することで、将来の地籍調査につなげることができるという効果があります。

このほかにも、多くの改革・改善策がすでに実行されています。

土地家屋調査士が地籍調査に参加できるようになりましたし、人証や物証を勘案しながら境界を定める「平成17年に法務省で制定した筆界特定制度」も活用できるようになりました。

中でも、もっとも大きな改革は、平成22年度の第6次国土調査事業10箇年計画から導入された「包括委託方式」の採用です。その10年前の第5次10箇年計画で初めて一筆地調査に外注方式が認可導入されたのですが、多くの業務がそのまま残っているうえに、国や県から求められる地籍調査がらみの基礎資料の作成や事業計画の見直しなどの「宿題」が職員を疲弊させ、思うような効果が上がりませんでした。その反省を込めた「包括委託方式」では、地籍調査のほとんどの作業を、自治体が認めた団体や法人に任せることができるようになりましたから、市町村職員の仕事量や精神的負担感が激減しました。

それだけではありません。さらには実績体力のある法人が事業を進めることで、大規模な事業を適正に行なうことが可能となりました。こうして、行政側の地籍調査推進を加速させる

体制は、かなり整ってきたと言えます。

　更に 2020 年から第 7 次 10 箇年計画では、作業の効率化を主な目的として様々な改正がされました。今後の推進に最大限活用していきたいと考えています。

4. 業者側の改善・工夫

　問題は、国や行政の施策をうけた業者側が、それにどう反応しているか、業務にどう反映できているかです。

　地籍調査の利幅が薄いのは事実ですし、それは以前と変わったわけではありません。しかし、やり方を変えればどうなのだろう。今の利益をあげている仕事にしても、何度も繰り返しやってコツを飲み込んだからこそ、儲かるようになったはず。そんな工夫が、これまでの地籍調査の世界にあったのでしょうか。

　地籍調査が手間のかかる最大の原因は、地権者による立会をしなくてはならないことです。境界の調査には隣接した地権者同士の確認が必要ですから、これは避けることができません。一般的な立会は、一つのブロックごとに地権者を集める「同時立会」で、多い時では 30 人以上の地権者を呼んでいましたから、必要なスタッフの数もバカにならなかったし、それでまとまらなかったときなど、どっと疲れが出て、まったく非効率な仕事になったものでした。

　しかし、同時立会ばかりが立会のやり方ではありません。主に宅地などで境界標や物証が明確な時の 14 条地図作成の場合は、地権者に時間をおいて個別に立ち会ってもらい、個々に境界の主張を聞く「個別立会」が現実に行なわれています。こ

れなら最小限のスタッフでも可能となります。

　というように、それぞれ地域の事情や現場に合わせたやり方を工夫し、それに熟練していけば、地籍調査で十分な利益を生み出すことも可能だと、これは実感を持ってお話しできます。

　測量以前の入札形式にも工夫が必要だと思います。

　これまで普通だった、地域の測量会社や経験豊富な特定の企業に限っての「指名入札」にも一考の余地があるのではないでしょうか。これだと地元に密着した（規模の小さな）測量会社か、経験豊富な企業でないと、地籍調査の事業に応札できませんから、結果として、零細な地元業者が細く長く調査を続けるか、地元外の専門の大企業が継続的に受注するという図式に陥ってしまいます。

　その一方で、増えて来た「一般入札」にも問題があります。地域外の測量会社も含む競争入札になって落札の確率が減りますから、毎年の事業量が不安定となり、安心して人材の確保ができません。さらにいうと、ダンピング入札で毎年のように受注する会社が変わってしまうと、成果品の統一や指示などで、市町村職員が指導的な立場で対応せざるを得なくなり、職員のほうが経験を蓄積しなくてはならなくなって、その分、負担が増えるだけでなく、地元の事業者が衰退し、地籍調査事業の推進に歯止めがかかってしまいます。

　ではどうするか。

　地籍調査事業の推進だけを目的とする法人を、地域で立ち上げたらどうでしょうか。この法人には経験豊富な先進企業を含み、地域の測量会社や土地家屋調査士がまとまって参加し

ます。入札には、大規模な包括委託の条件をクリアしたこの法人が参加するのです。個々の企業が請け負う数倍の量はこなせるでしょうし、簡単に倒産もしないでしょうから、調査を依頼する自治体も安心して事業が任せられます。

　つまり、地元から信頼され、地籍調査の経験豊富な企業を含み、地域の環境に精通した測量士と土地家屋調査士の共同組織化が、国の数々の推進策をもっとも理想的な形で生かし、地籍調査事業をこれまでの数倍、いや数十倍のペースで推進できる方法ではないか、と私は思うのです。

5. 大切な住民への情報提供と広報

　地籍調査を推進しようという体制でもっとも大切なのは、住民の方々への情報提供と広報です。なぜなら、どんな制度ができても、地籍調査に後ろ向きの市町村をゼロにすることはできないからです。外注方式が認められても、担当職員の仕事が増えるのは仕方のないことですし、地籍調査をしたくても、県が予算を計上しなかったりするかもしれません。

　はっきりしているのは、これまでのような行政任せでは、なかなか前に進まないということ。そして、住民の皆様の要望を生み、育て、それで行政を動かしていく官民一体の体制を、地籍調査でも確立しなくてはいけないことです。そのためには私たち関係者があらゆる機会をとらえて声をあげ、地籍調査の重要性と大切さを住民の方々に訴え、汗を流して、一人でも多くの人たちにきちんと理解してもらうように努めなくてはなりません。

　これにはテレビや新聞といったメディアの力が必要です。で

　すから、地域の住民の方々に対するのと同じように、メディア
関係者には、ことあるごとに訴え、説得していきましょう。

　そして、そのとき忘れていただきたくないのは、地籍調査と
いう事業は国民への貢献、奉仕なのだという視点です。官民
業一体の三方良しの事業をやっているのだという自負を持って
いただきたい、ということです。

　これは建前の言説でもなければ、私たちはなにも私利私欲
に走っているわけでもありません。どんなかたちの番組でもい
い、なんらかの特集として地籍調査のことを取り上げてくれる
よう、測量業界と土地家屋調査士業界全員で根気強く働きか
けていくこと、そうしないと地籍調査が進まないだけではなく、
私たちの業界にも本当の意味での「未来」は来ない、私はそう
確信しています。

6. 地籍調査の作業中によく受ける
住民の方からの質問

　作業している私たちに、通りかかった方やご近所の方から、こういうことがあったけれど、どうなんだろう、という質問が投げかけられることがあります。そんな質問にしっかりと正しいことを現場で答えることも、大事な「広報」活動です。その一端をご紹介しておきます。

1、親から受け継いだ土地を売りたいと思い、不動産屋さんをたずねると、「あなたの土地は、まず地積更正を行なって正確な面積にしないと売れません」と言われました。登記簿に面積が書かれているのに、それではダメなのですか。

答　登記簿に記載されている面積（地積といいます）が、実測した面積と一致しないことは、よくあります。なぜなら、いま登記所に保管されている登記簿の表題部にある地積などの表示事項は、明治時代に地租改正に基づいた旧土地台帳などから求められたものだからです。

　明治時代に作られた旧土地台帳は、固定資産税の課税台帳のような役割を果たしていました。その後、尺貫法で書かれていた面積をメートル法に改めたのが、現在、登記簿に書かれている面積です。その元は縄などを使って測ったもので、実際より少なかったりしていますし、税金の元にもなるので、土地所有者は少なめに面積を申告したりしていました。

　ですから、すでに地積更正登記された土地や地籍調査など

で境界点が確定した土地以外は、登記簿に記載されている面積と実測した面積は違っているのが普通だとお考えください。

資料6　地積更正とは

　地積更正登記は、1筆の区画された地番の土地の実測面積がその土地の登記簿面積と著しく食い違っている場合に、登記簿の誤っている地積を正しい地積に直す登記です。

　以前は、土地を分筆する際に分筆する方の土地だけを測量し、残りの土地（分筆される土地）は測量をしなくても良かったのですが、平成17年3月に新不動産登記法が施行されたことにより、分筆前の土地全部を実際に測量し、縄伸び縄縮みで登記簿面積に差がある場合には、地積を更正することになりました。そうすることで、残地の実測面積が300㎡なのに登記簿面積は25㎡しかないというようなことにはなりませんから、後々境界（筆界）紛争や地図混乱を回避することができるのです。

　分筆するのに、どうして新たな費用が発生するのかといえば、前提として全筆測量をし、境界立会いをして境界確定、地積更正登記、分筆登記という手続になるためです。

　ちなみに費用は、土地地積更正登記の申請費用は最低でも概算6万円。地積更正登記には境界確定測量（最低でも約30万円）が前提になりますから、この2つを合計した36万円以上かかることになります。さらに交通費・郵送料・法務局（官公署）資料調査の印紙代等の立替金が別途かかることもご承知ください。

2、登記簿の面積と地籍調査後の面積が大きく変わりました。何故なのでしょう。また調整などは、やってくれるのでしょうか。

答　地籍調査は、土地所有者の皆さんが境界立会し、納得された際に設置した杭・鋲・プレートを基に測量を行なうものです。一方、登記所に備え付けの公図の多くは、明治時代の地租改正によって作られたものを基にしていて、当時の測量に対

する考え方や測量技術の未熟さなどから、大部分の土地に面積の増減が発生します。しかし、面積が増減しても、登記簿の面積と整合させるような調整をすることはありません。

3、公図の土地の形と、実際の土地の形が違うようですが……。

答　登記所に備え付けられている公図は、旧土地台帳の付属地図で、古くは明治時代に作られたものです。不動産登記法第14条の「地図」ではありませんから、形の違いもそういうところから発生したと思われます。なぜ、そんな公図がおいてあるのかというと、地籍調査をして作られた地籍図が備え付けられるまでの、暫定的な地図に準ずるものと位置付けられているからで、地籍調査はその地籍図を作るための作業なのです。

4、隣の人に、明日のお昼から境界の立会をしたいのでお願いしますと言われました。何をするのでしょうか。用意するものはありますか?

答　前もって用意するようなものはありませんが、約束の時間には遅れないようにしてください。立会をしなければ、土地の境界を決めることができないからです。境界は、隣接する土地の所有者が立会い、合意することで決定されます。私有地同士の境は「民民」、道路や水路という官公庁が管理している土地と接しているところは「官民」といいます。決定した官民の境界には各自治体の名称の一部やマークが入った境界標が設置されています。

5、市町村が行なう地籍調査でお隣りとの境界の問題でトラブルが発生しています。私の土地の地積測量図（昭和46年作製）と形状が違っていると、お隣りが言います。面積の違いは理解できますが、土地の形状まで変わることがあるのでしょうか？

答 先達の仕事にケチをつけるのは非常に辛いのですが、昭和40年代に作成された地積測量図は境界復元能力に乏しく、きちんと測量して作成された図面も沢山ある一方で、現場に一回も行かずに事務所だけで図面を書いて申請するという、机上分筆も至極よく行なわれていたそうです。ですから、当時作成された地積測量図を全面的に信頼すべきではありません。

　ただし、お隣りとの境界が長年同じ状態だったとすれば、時効取得（土地や建物を長期間占有しているものがそれらの所

有権を取得できるという制度）という可能性もあり得ますので、お近くの土地家屋調査士に依頼して判断を仰いだほうがいいでしょう。お尋ねの場合、隣との協議が決裂すると筆界未定となりますが、将来に禍根（かこん）を残すだけですから、できるだけご自分たちで解決するように努めてください。

6、地籍調査は土地に関するトラブルを解決してくれる事業と聞きましたが。

答 地籍調査事業は、隣接地権者同士が立会の上、土地の境界を確認して、境界点に杭を埋設し、それぞれの土地の面積を正確に測量するという仕事です。調査の結果をもって、法務局に備え付けられている土地登記簿や公図を現況に合わせて正確に更新しますから、将来的に隣地との境界がハッキリしたり、土地をめぐるトラブルの防止・解消に役立つことはあるでしょうが、今回の調査は、土地の境界確認が主な作業です。役場職員、委託業者、推進委員が民民境界を示すことはできません。現在紛争中の土地問題は、関係する土地所有者の理解・協力がなければ解決できないのです。

7、もし筆界未定となったら、どのような困ったことが起こる可能性があるのでしょうか。

答 筆界未定地になると、地籍調査終了後、当事者が筆界未定の解除手続きをしない限り、永久に「筆界未定地」となり、以下のようにいろいろ大きな損害をもたらします。

1　土地を売り買いする場合や抵当権等を設定するときには、

相手方の承諾が必要になります。

2　売り買い等で分筆や合筆をしようと思っても、非常に困難になります。

3　農地の場合には、農地転用が困難となります。

4　地籍調査終了後に境界線を決めようとする場合には、隣接土地所有者の承諾が必要になります。

5　筆界未定地の解除をする場合は、測量し、新たに作った地積測量図などが必要ですが、これらの諸費用が全て当事者の負担となります。

8、地籍調査終了後に、隣接地 (筆界未定地) との境界をやっと確定することができました。追加で地籍調査をやってもらえませんか。

答　それはできません。地籍調査終了後に、筆界未定となっている土地の境界が決まったとしても、市町村で調査することができませんから、個人的に測量業者や土地家屋調査士などに境界確認・測量・登記などを依頼してください。この場合の必要経費は、全額個人負担となります。

参考までに以下のような費用がかかるはずです。

・資料調査費（事前の調査費用や資料収集費のこと）

・現地測量費（土地の面積等を測量する費用）

・現地測量立会費（境界を確認するための調査や隣接所有者との立会費）

・境界標埋設費（確認した境界に杭等を埋設する費用）

・申請手続費（地籍測量図等各種図面を法務局へ申請手続き
をする費用）
・人件費（測量や調査をする人の人件費及び旅費等）
・消費税等
　一見するだけで、大変なことがお分かりでしょう。ですから
市町村としても、筆界未定とならないように、手を尽くして説明
などに努めるのです。

5章 地籍調査を早く終わらせる ため 〜業者が改善すべきことと条件〜

レーザードローンの利用も増えました

1、業者側の問題

　地籍調査の早期完成に必要なものは、条件とともに、すでにわかっています。その話に入る前に、地籍調査が進んでいかない最も大きな理由について、関係の皆様には自明のことかもしれませんが、もう一度確認しておきたいと思います。

　それは、一言で言えば「広報」の圧倒的な不足、つまり、地籍調査を行なったときのメリットと行なわなかったときのデメリットが、地権者である住民の方々や、発議をする市町村の首長に、ほとんど伝わっていないことです。この知識と広報の圧倒的な不足について有効な方策を講じない限り、どんな施策

を講じても、地籍調査のペースが今より上がることはないでしょう。

　同時に、これまで作業主体とされてきた市町村職員の負担をゼロ近くまで減らさない限り、地籍調査の作業が具体的に進まないことも、容易にご理解いただけると思います。そして、こういう原因をすべてクリアすることが、「早期完成に必要な」ものの条件であることも、同時におわかりいただけると思います。

　これに関して、私たち業者側にも大いに問題があります。

　くどいようですが、地籍調査は、業者からすると、作業量が膨大なわりに単価が安く、実入りの少ない事業で、しかも最低数年は続きますから、請け負う側に相当の体力が必要という、それなりの覚悟がいる仕事です。そんな私たちの業界に、地籍調査の推進を妨げるさまざまな問題が横たわっていることを、正直に認めなくてはなりません。

　推進を妨げていると私が考えている業界側の問題（ネック）を6項目ほど羅列します。

1、地籍調査が一部業者の仕事になっていて、業界全体としては消極的なこと

　経験と努力の結果、地籍調査を採算が取れる仕事にしているのは一部の企業で（実際には経験のない測量業者が始めるケースが多い）、しかも最初から利益が出る仕事ではないことから、参加に消極的な業者が多くなっています。

2、経験者が少ないこと

　多くの県では地籍調査の着手率が低く事業量も少ないため、県内に経験のある技術者は数えるほどしかいません。これでは

地元の業者による地籍調査は推進できませんし、やりましょうという声が、業者から上がることもないでしょう。

3、業務に熟練を要すること

　これも当たり前のことです。そもそも熟練を要しない業務など、私たちの世界にはありません。しかし、地籍調査は、公共測量と成果品の内容が違い、とくに境界立会に必要以上の労費を使わなくてはならないなど、公共測量などとは明確に一線を画した仕事ですから、採算がとれるようにするには、経験を重ね、業務に熟練する必要があるのです。

4、一業者の施工能力に限界があること

　これも当たり前です。そして、予算がないから増えないのか、業者の施工能力がないから予算が増えず大規模にならないのかは、はっきりしませんが、とにかく市町村の予算額と業者の施工能力には微妙な相関関係があって、結果として、事業量を増やさず、1地区だけの発注を特定の業者に固定することになり、結果として事業の進捗率が低いまま長期化することになってしまっています。

5、土地家屋調査士会と測量業界との相互理解が不可欠なこと

　もともと、E2工程の立会は市町村の直営業務で、地籍調査の測量部分は業者へ外注していましたが、平成12年からE2工程も外注されるようになりました。そして、測量会社が境界立会に予想以上の労力を奪われている現状をみて、境界の専門家として土地家屋調査士の専門家集団である公嘱協会（公共嘱託登記土地家屋調査士協会）が受注することも可能となっ

たのです。特に平成 16 年度から小泉純一郎総理（当時）の肝いりで、都市部の地籍調査推進を目的とした「都市部官民基本調査」（小泉検地）が行なわれ、地籍調査を法務省（土地家屋調査士）と国土交通省（測量士）の連携で進めることになりました。

　ただ、千葉県のように、測量士と土地家屋調査士が互いの特性を尊重したうえで地籍調査を協力して進めているところにはプラスに働いているのですが、相変わらず職域争いをし、業として資格者としての主張からお互いに相手を尊重していない風潮があるところでは、事業推進にマイナスに働いています。そして、そういうところが決して少なくないとも聞いています。

6、土地家屋調査士業界の事情もあること

　何よりもまず、その会社の事業規模が地籍調査に合っているかどうか、が問題です。地籍調査は 100ha 単位で行なう仕事で、ふだん 0.01 〜 0.1ha（100㎡から 1000㎡）単位の測量が中心の土地家屋調査士事務所が一括で請け負うのは、規模的にかなり無理があります。

　また、地籍調査はいかに補助者を使い、分業で時間内に業務をこなすかが重要で、適材適所の補助者をどう配置するかが、スムーズな仕事遂行のカギになります。それまでの仕事のやり方を根本から変えなくてはならないのですが、その経験が多くの土地家屋調査士事務所にはありません。そこでともすれば、従来どおりのやり方をしてオーバースペックの仕事となり、コスト、効率など、とても採算が取れないまま終わってしまうのです。

　さらにいうと、地籍調査に消極的な土地家屋調査士が多い

のは、地籍調査が終わると自分たちの仕事が減ると考えている
からです。これは全くの誤解で、地籍調査が終わったところで
は土地の流動化が進み、迅速かつ安価に分筆登記ができるよ
うになりますから、逆に受注件数が増えるのが一般的ですし、
これに伴い、利益確保も可能となります。そんな誤解が残って
いるのも、土地家屋調査士業界の課題の一つです。

　そして、私が考える「早期完成に必要なもの」とは、上記のネッ
クをすべて解決するものです。これから順にご紹介していきま
すが、その前に一言お断りしておかねばなりません。

　それは、**地籍調査の遅れが経済や社会に与えている損失の
大きさ**を理解し、調査の促進を図る上でもっとも必要なのは指
導者の見識と意思だということであり、それをつくるのも、私
たち業界の責任だということです。20世紀がそうだったように、
21世紀までも「**地籍調査にとって失われた世紀**」としないため
に、新しい仕組みを早期に構築することが、なにより必要かつ
重要です。

２、業者側の条件

　では地籍調査の早期完成に必要不可欠な業者側の条件につ
いて、これからお話ししていきましょう。一つは安定した予算
確保、二番目がふさわしい組織の構築、三番目は作業手法を
見直して採算がとれるようにすること、です。

その１、予算確保

　早期完成に足る予算を安定して確保できることが、早期完成

に必要不可欠な条件の第一です。私はあと30年で地籍調査を完成したいと願い、青写真も作っていますが、そのヒントを与えてくださったのが、前にもあげた鮫島信行先生でした。

先生は著書の中で、こうおっしゃっています。

「地籍調査に膨大な予算はいらない。東京の住宅密集地でも1㎢あたりの調査費は3億円くらいだ。ＪＲ山手線の内側が約55万㎢なので、全部調査しても165億円程度ですむ。165億円というと高いように聞こえるが、中規模な高層ビルと同じくらいだ。地籍調査事業の現在の全国平均単価は1㎢あたり3000万円くらいだ。この数字を未調査の14万㎢にかけると、調査終了までに要する総費用はおよそ4兆円になる。今後、都市部の調査や調査の外注化が進むと平均事業費は増加するが、仮に倍となっても8兆円だ。これは公共事業費の1年分の額にすぎない。21世紀の半ばまでに調査を完了しようと思えば、1年に1500億円あればよい。国として出せない額ではない。出ないのは、出そうという国民の総意がないからだ」

まさに我が意を得た思いです。いや、私の試算ではさらに費用は少なくてすむ計算になっています。

最近の私の目標は「地籍調査を2050年まで完成させるプロジェクトをスタートします」ということで、その費用は、私の試算で完成までに4兆円、うち国の負担は2兆円で、20年で一年1,000億円ですむ勘定です。

2030年度から第8次十箇年計画が始まりますが、今後、啓発活動（本の出版、YouTube、講演活動、署名、要望活動、新技術の導入、単価の改善など）を行ない、2050年までに地

籍調査を完了させるという国の方針を、2026年までに決定させることが、最初の目標です。そして現在は、推定で250億円の事業に2500人が地籍調査に携わっていますが、2030年までに2万人の技術者を採用育成し、20年で地籍調査を完成させる準備をすることが必要です。そのためにできることは、予算を確保した上で、可能な限り万全の準備と全国に協力者を集め、啓発活動を活発化させることです。

その2　組織（体制）

　2つ目の条件が、早期完成を遂行しうる「体制」（組織）をきっちり構築することです。これにはいろいろな側面があります。

　まず、一筆地調査の外注化ができる組織だということ。これは市町村職員の負担を減らすための必須の条件です。

　外注化の受け皿には、従来から地籍調査を受託してきた測量業者のほか、土地家屋調査士、土地改良換地士、区画整理士、森林組合などがありますし、2010年の国土調査法改正で法人による地籍調査の実施も可能になりました。2項委託など、現在ある制度を大いに利用したいし、この意味からも、測量士と土地家屋調査士が職域争いをしているなど、とんでもないことです。

　同時にこの組織は、大規模な調査が行なうことができる組織でなくてはなりません。量的な人材不足のほかに、質的な人材不足を補うことができる組織であることも重要です。

その3　作業手法の工夫

　3つ目は地籍調査を実施する組織が、地籍調査に合った作業手法を自ら考案し、採算がとれるようにすること、です。これが業界の「やる気」の源ですし、やる気のないところで事業がスピーディーに進むはずもありません。

　採算がとれる単価に合った仕事などというと、やっつけ仕事のように思われるかもしれませんが、そうではありません。大規模な仕事を期限内で、しかも要求されたレベルを保って仕上げるには、それにあったやり方やシステムが当然なくてはならず、それを考案し、熟練する必要があると申し上げているのです。

　その意味でも、測量士と土地家屋調査士が参加できる組織にすることが、なにより必要で、それぞれがそれぞれの職業特性を生かした作業をすれば、期間は確実に短縮できます。

　「大きな仕事ができないから、終わってみるとくっつかない地図ができている」とか、「あんなラフで登記のことも知らないやり方じゃ、いい成果はできない」などと、お互いの悪口を言い合っている時ではありません。だいいち疲弊して高齢化が進んでいる双方の業界の現状をみると、そんな余裕などないというのが、偽らざる実態です。

　国土交通省管轄の測量士は、名の通り「測量」が仕事です。誤差論を前提とした基準点の測量や地物の測量などを広範囲、高精度に測量し、システムを活用した多目的且つ高精度の図面を作成する能力をもっています。

　一方、法務省管轄の土地家屋調査士は、筆界論をもとに土

地所有者の権利の対象となる土地の、隣地との境目である「境界」を調査することが仕事で、測量はその調査の一環です。境界標がないところでも、過去の資料（測量資料も）を調査・分析をしたり、状況を考察したり斟酌することで、亡失した筆界を洗い出し、再び境界標を復元したり、登記を行なったりすることができます。

　高精度且つ広範囲の測量を測るスペシャリストである測量士と、筆界という観念を洗い出すスペシャリストである土地家屋調査士というそれぞれの特性を、地籍調査という作業の中で生かせばいいと思うのです。そして、これを早急に全国展開すること。「新しい取り組み」とは、このことです。

　いま地籍情報システムは着々と構築されています。

　都市部のDID地区では、地籍調査と一般の地積測量が共有できる街区基準点が整備されました。

　登記所では地図情報システムが整備され、公共座標による地籍成果の維持管理が可能となりました。法務局と連携した地籍調査事業も行なわれています。

　道具は揃ってきました。あとはそれをどう生かすか、その知恵を生み育むことです。

　というわけで、早期の地籍調査完成に何が不可欠な条件かという私の結論は、

1、必要十分な予算を確実に確保できること

2、採算性の悪い作業の単価を上げること

3、受注する組織は、地域の関連業者（測量士と土地家屋調査士）と先進企業が連携、あるいは参加した組織で、新たな

作業手法を考案するなど、大規模な調査をスムーズに遂行しうる能力と、それを確実に実施する人員を有したものであること

　ということになります。

　そして、その組織は実在します。地籍調査を包括的に受注する一般社団法人です。既に千葉県では一般社団法人が7法人、設立され、実際に事業が進められています。

　その中で、日本で最初に作られた組織である一般社団法人長生郡市地籍調査協会の全貌を、誕生から順を追ってお話しさせていただきますが、その前に、効果的な地籍調査実現のために私が考えていることを、少し紙幅を使って述べさせていただきます。

6章 地籍調査を早く 終わらせるために

地籍調査の説明会

　予算は増えるに越したことはありません。しかし、地籍調査関連の予算の増加が、今後あまり期待できないとしても、別に悲観することはないのです。現在の予算の範囲内で行なう、無駄を省いた「効率的な」地籍調査のやり方を構築し、粛々と実行していけばいいだけの話です。現在の予算の範囲内で、本来の地籍調査のあり方、やり方を追求して行くことは充分に可能ですし、業界の未来のためにも、ぜひその方法を構築し、実現しなくてはなりません。

　基本の一つとして、まず所有者が測っていいと了承した境界を測ることに特化すること、そして役所の歩掛に合った作業計画を策定し遂行することを挙げておきます。第三者から依頼された測量である限り、地籍調査であれ何であれ、現場責任者はその現場で利益を上げるように努力しなくてはなりません。

私たちが企業である限り、これは当然です。また、私たち技術者の個人的な満足を満たすだけの仕事でもないのです。

　私が早期完成のために必要だと考えていることを以下に挙げてみます。

1、先進企業を含む地元測量会社が組織した法人が受託する包括委託が、早期完成の最も有効な手段であること

　これが早期完成のためのすべての前提です。地籍調査は一年間の事業量が大きくなるため、1社だけの処理能力では達成に疑念の残ることがままありますし、1社が独占してしまうと、他の地元業者による不当な競争を招きかねません。2項委託の受託法人は、複数の地元企業が加盟していることが前提条件と考えています。

　この法人に先進企業が含まれていることも重要です。役所への提案力がアップするだけでなく、先進企業が日常的に行なっている効率的な方法を具体的に知ることで、業者の採算性の向上が期待できるからです。

　市町村にとっても、地元企業などで組織した法人が落札すれば安心できるのではないでしょうか。競争入札に熱が入るあまり不当廉売になったり、毎年のように受注者が変わることを防ぐことができます。地籍調査は、応札が1年単位であっても、終了までに2年かかる仕事です。去年やった成果をどう処理するのか、翌年度の事業を前年度の業者の随意契約にするなど、それも含めた入札の工夫が必要になります。

毎年のように受注者が変わる事態は、市町村にとっても業者にとっても好ましいことではありません。成果のレベルを合わせるなど、発注者たる役所の能力が問われるようになりますし、初めて参加する業者にとっても予想以上の検討や協議の準備などに多くの人件費が必要となり、落札できたとしても、採算が取れない事業になることが必至だからです。

2、歩掛にあった計画を立案し、忠実に実行していくこと。そして、計画がどのように遂行され、その結果、どうなったかという検証をきちんと重ねること

　まるで「常識」であるかのように、業界の人たちは地籍調査が儲からないとおっしゃいます。しかし、おかしなことに、儲からない（利益が出ない）原因がどこにあるかを検証し、数値的に示したデータなど、見たことがありません。エビデンスなどというと、今の医学の問題のようですが、地籍調査でも正確に検証された科学的なデータを出さないと、どこに赤字の原因があるかわからず、問題解決に繋がりません。

　そのためには、客観的に定まっている作業規程に準じて、市町村から示された歩掛に合わせた作業計画を立て、忠実に実行し、その結果を検証してみなくてはなりません。そうして検討すれば、利益が出ないのは、発注者か、それとも受注者か、そのいずれに起因するかが判断でき、そこで浮かび上がってきた原因などを解決するため、どう創意工夫を重ねればいいかという道筋が見えてきます。

　発注者側の原因として、発注者側が作った歩掛に矛盾があっ

たり、作業規程にない余分な作業を要求していることが挙げられます。また、受注者側の原因としては、作った作業計画が不十分なため人の手配がうまくいかず、作業が予定通りに進まなかったり、主任技術者以下の役割分担が明確でなかったり、作業編成に経験値や指示教育体制が徹底されていないために作業に不備が発生したり、手戻りがあって予定通りの進行にならなかったり、ということがあります。

　何れにしても、受注者側に起因すべき原因については我々業者が解決するとして、発注者側の原因と考えられるものについては、客観的な根拠と数値的な実績を示した上で、改善することを申し出ることが必要です。検証しない限り、そのような形の申し出は不可能ですし、そのような形の申し出でない限り、役所は耳を貸してくれません。必然的に、陰でグチを言うだけになってしまいます。

3、発注者側が改めるべきこと

　地籍調査は仕事の性質上、外国人ではできない日本人に限定された事業ですし、どんな優れたAI（人工知能）でもできません。その実働部隊の私たちに対して、往々にして過度な要求が発注者である市町村から突きつけられることがあります。「去年は境界の確定率95%だったので今年も95%でお願いします」と担当者から言われたりもしますが、95%という数字の根拠など、どこにもありませんし、もちろん計画にもありません。と言うわけで、発注者側に改めていただきたい8項目を以下に挙げてみます。

その1、「不調処理」の過度な要求

　何より不調処理は、地籍調査の予算に入っていません。ですから、境界の位置が地権者間で揉めた時、どうなったら「不調」と判断し、その時どうするかという定義と対応を事前に明確にし、実働部隊と意思統一をしておくことが必要です。一度でまとまらなくても不調とはせず、二度目に呼びかけた時に来なかったら不調とするとか、それとももう一回呼びかけるかなどを、最初に具体的に決めておくことが重要です。同時に、発注者から、地権者に、不調となり筆界未定となった時のデメリットを事前にしっかり広報していただくことも重要です。

その2、積算に整合した1日あたりの作業量と作業編成を意識する

　特に立会の日数と作業編成を厳格にする必要があります。積算と実施計画が整合する必要がありますが、特に大きな差異があるときには、費用を別途用意する必要があります。

その3、一筆地調査の立会工程には、内業部分が入っていない

その4、測量に必要な伐採の費用も見てくれない

　伐採をしないと仕事にならないところも結構あります。幸い、第7次10箇年計画から追加された図面等調査を活用することで、無駄な伐採を減らすことができるようになりました。

その5、設計上や作業規程にない作業が要求される

その6、立会に欠席者や不調率の安全率が考慮されていない

その7、2項委託で作業をする場合、市町村のやるべきことが理解されていない

時々あるのが、市町村の担当職員が地籍調査の技術的なことを含めて、業務全てを覚えようとすることです。測量士の仕事、土地家屋調査士の仕事をしっかり理解するまで勉強した上で、役所での他の業務もこなす……これができればスーパーマンです。そうしなければ業者に騙されると思い込んでいるようですが、そう思うのは、きっと別の業者からの耳打ちや入れ知恵があったのではないでしょうか。

　それは大きな間違いですし、実際にそんなことをする必要もありません。重要なことは、先に申し上げたように、工程のチェックと成果品のチェックなど、作業中に適宜行なう発注者がやるべきことをしっかり理解すること。そして、それをきっちり遂行すれば、どんなに悪賢い業者でも発注者を騙したり、手を抜くことができないということを認識することです。

その8、不調の後処理は、発注者の単費で、次年度早々に行なうことが原則であるべきだということ

　発注者による誤差論を無視した無理な筆界確定の要求や、確定率ありきの要求は、私たちを確実に疲弊させるだけでなく、不調処理に直接当たっている調査員は所有者間の感情に振り回されて、さらに疲れています。私たちが後継者をなかなか育てられない原因の一つに、筆界の確定に関する発注者の過度な要求があるのではと思っているくらいです。

　繰り返しますが、不調処理は地籍調査に入っている業務ではありません。にもかかわらず、不調処理に追われて工程が遵守できないという状況になったら、まさに「何をか言わんや」です。

4、作業機関が改めるべきこと

　誰しも苦手な作業があります。やりたくない作業があります。しかし、プロなら、どんな苦手なことでも練習を重ねてできるようにしなくては、本来の仕事が遂行できないと認識してください。

　例えば、立会での挨拶や説明です。口下手だからと、この練習を怠っていると、現場に行って、話が小難しいと地権者に怒られたり、説明不足で勘違いさせたりで、必ず失敗します。そんな失敗を経験すると、私は口下手だからと苦手意識を持ち、ますます説明が下手になるし、挨拶ができなくなる……悪循環です。

　何が悪いのか。それはひとえに練習を怠ったからです。苦手なことなら、逆に練習して得意にすること、を目指してください。悪循環を克服する最もいい方法は、繰り返し行なう「ロールプレイング」です。尻込みしがちなスタッフには、本番の時、何も見ずに暗記で話せるくらいにまで練習して欲しいと、いつも言っています。

　一方、市町村の担当者にも苦手なことがあります。隣の役所と連絡協議をしなくてはいけない時に必要な資料作りなど、人によっては面倒くさがって、後回しにすることもあります。すると、仕事がそこで止まってしまう。だとしたら、慣れているほう、つまり私たちがやったら、ずっと仕事が捗るのではありませんか。

　資料づくりは慣れているし、稟議書も業者が書けばいい。本来は役所がやらなくてはいけない説明会も業者が進めればい

い。実際、そうしたところが増えています。要は「餅は餅屋」です。そんな受注者側が地籍調査の早期完成のためにこうあってほしいと考えているところは、以下の9項目です。

その1、作業計画を常に綿密に立てる

その2、いつどこに誰が入るかという人員配置を着手から完了までの全工程において明確にする

その3、工程管理と実行予算を対比することで、採算性を追求する

その4、作業力量にあった作業編成の配置若しくは教育指導をする

その5、立会のやり方などを工夫して、一部の調査員が作業をしていない状況を極力作らず、無駄をなくす

その6、市町村への要望は、必ず数字と明確な根拠をつけて文書化する

その7、業務では常に創意工夫をする

その8、作業力量を向上させるための OJT やロールプレイングには積極的に参加する

その9、受託者で対応したほうが的確で効率的であれば受託者が行ない、発注者の役割を補助する

5、人員配置と教育

　今挙げた中で、とくに重要なものが人員配置と、その教育です。

　作業の難易度にあった担当者を配置するのが人員配置の基本で、どう配置すればいいかは、歩掛上、決まっています。

　また経験不足のスタッフに対しては、上席者が丁寧に指導

地籍調査における工程毎の歩掛と各技術者の役割と割合

工程名	具体的な作業	主任技術者	技師	技師補	助手	普通作業員	計
		割合					
C工程	地籍図根三角測量	5%	23%	35%	4%	32%	100%
D工程	地籍図根多角測量	7%	27%	27%	34%	5%	100%
E工程	一筆地調査	4%	24%	26%	46%	0%	100%
E1工程	調査図素図等作成	9%	23%	28%	41%	0%	100%
E2工程	現地調査	1%	25%	25%	49%	1%	100%
F1工程	細部図根点測量	5%	19%	26%	36%	15%	100%
F1工程 D工程省略	細部図根点測量	4%	18%	26%	36%	16%	100%
FⅡ-1工程	一筆地測量	0%	1%	35%	33%	30%	100%
FⅡ-2工程	原図作成等	22%	24%	53%	0%	0%	100%
G工程	地積測定	9%	44%	27%	20%	0%	100%
H工程	地籍図・地籍簿の作成	0%	18%	28%	54%	0%	100%
H1工程 地籍簿案作成	地籍図・地籍簿の作成	0%	16%	29%	56%	0%	100%
H3工程 地籍簿案作成	閲覧時の申出に係る作業	0%	25%	25%	50%	0%	100%
H工程	地籍図複製	0%	19%	30%	51%	0%	100%

して、仕事をマスターさせること。その時のモットーは山本五十六元帥になら倣います。つまり「やってみせ、言って聞かせて、させてみせ、ほめてやらねば、人は動かじ」で、これを心に刻みつつ業務を教えていきます。

　つぎにあげた表は、地籍調査に当たって市町村から出ている作業歩掛から求めた技術者別割合表です。これに沿って人を集め、配置するのですが、高齢化が進んでいる昨今の業界で、このような割合に沿った配置ができるところは、残念ながら限

られているというのが現状でしょう。その人材不足をいかにして克服するかにも創意工夫と知恵が必要です。

　何より必要なのは「教育」ですが、その場合、主任技術者は技師と技師補を、技師補は助手を、助手は普通作業員を、という具合に、すぐ上の上席者が指導することが原則です。力量を飛び越した人間が指導をすると、立場や経験があまりにも違いすぎることから、うまく伝わらないことがしばしばだからです。

　また、作業歩掛表で、主任技術者は外業をしないこととなっています。作業単価（人件費）が高いからですが、現実には助手や普通作業員と一緒になって汗を流していらっしゃる方も少なくありません。その姿は尊いけれど、そこでなんの工夫もなければ、単なる赤字業務になってしまいます。主任技術者には主任技術者の仕事があるように、助手には助手の仕事があるのです。

6. 筆界特定技術

　地籍調査において必要不可欠な技術が、資料に基づく復元や境界が確認できず不調になった場合に行なう、筆界の特定技術です。

　どのような機器が登場しようと、筆界（境界もそうですが）は可視化できず、「筆界は神のみぞ知る」と言う現実は変えようがありません。いろいろな資料から明治の頃の筆界を出しますが、平均値であって、特定には使えません。

　そんな時には、原始筆界に始まって、地域の慣習、所有権

界や占有界の理解、法務局に備え付けられている地積測量図の信憑性の判断と不動産登記法の理解、地籍調査の作業規程上の作業方法の理解など、全てを総合的に判断する筆界の特定技術の能力が必要となります。

　一方で、地籍調査における国土調査法と不動産登記法の違う点など発注者や登記官と相談することや、提案力も必要です。

7、作業計画について

　作業計画を立てるとき、まず必要なのは、作業する区域の正確な状況把握です。そのポイントとして、現地踏査、聞き取りなど地域の慣習や、宅地が多いか、休耕地が多いかなどの

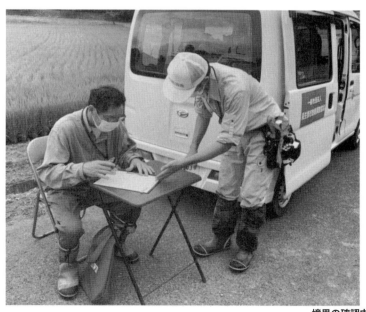

境界の確認中

現地の地勢・傾斜・見通し・交通量・一筆当たり面積の大小や・地権者数、土地取引に伴う地積測量図の存在状況などが挙げられます。

　これらを総合的に判断して、着手から完了まで、工程ごとの作業編成や実施時期などを考慮の上で作成された実行予算と作業工程表に基づき、採算性などの検証を行なうこと。もし赤字になる場合は、黒字にするための工夫が必要です。日々、工程管理と採算性の検証を続ける必要があります。

　また、先にも触れましたが、伐採など設計外の作業が出てきた場合は、発注者と協議をして、別途費用を含んでいただくことも必要です。

8. 立会計画について

　地籍調査が公共測量などと大きく違うのは、この立会があることです。立会は、私たちが最も気を使い、最も重要と考えている作業工程です。

　その立会で私が最も見たくない光景は、地権者同士が主張の相違から口論になり、残りの地権者はただ待っているし、作業員も手持ち無沙汰、現場の班長だけが懸命に調整に当たっているという場面です。よくあるとは言いませんが、決して珍しくない光景です。

　そんな時、「境界が明確な方からやりますよ」と言えばどうでしょう。山林などは手前からやっていくことが多いでしょうが、境界が決まっているなら調整役も要りません。現地の班を二つ以上に分けて、やっていけばいい。あとには境界が不明な方が

残って、それぞれが納得できるよう、ゆっくりやっていく……言われてみればなるほどと思いますが、立会ひとつとっても、そんな工夫を凝らしているところは、そう多くありません。

　また計画を立てるときの「常識」ですが、計画期日いっぱいの日程は組みません。期日が40日なら30日で終わるよう、安全率を必ずみます。途中でアクシデントがあって延びることになっても、赤字にはならないようになっているというのが、本当の計画です。

その1、一日に行う作業量を求めて立会工程を立てること

　設計上、単位当たりの所要人工数を求め、安全率30%程度を考慮した上で、一日当たりの作業量を求めます。その作業量は、平均面積を基に一日の立会筆数から所要日数を求め、地籍調査素図を用いて毎日の立会予定表を作成します。

　重要なことは、工程ありきということと、もう一つは、採算性を確保する前提で計画を立てることです。最初は不慣れなことから、立会編成を大きくして臨み、慣れてきたら徐々に標準編成に近づけていけばいい。これも経験による知識です。

その2、効率的な立会を追求すること

　立会には、10名近い地権者が同じ時間に集合し、立会工程の順序によって進めることを原則とします。ただし、地権者の中に境界が明確な人がいた場合は、立会に優先して境界の目印や境界標の確認作業を先行します。

　この確認作業は、2班以上に分かれて、短時間に済ませ、その間に、その他の地権者が境界標を探索したり、隣接の地権者と境界の妥協点などを調整する時間にします。

また、立会が終了した後の時間で、境界標や標識番号などの設置を行ない、出来るだけ当日処理に心掛け、作業を残さないように努めます。

　境界の調整で作業が止まるような場合でも、すべての作業員が手を止めることなく、何らかの作業を行なえるような方法を決めておきます。

　立会通知は、早めに一括で案内し、カレンダーに明記してもらいます。地権者ごとに立会日を丸で囲んだ立会カレンダーをお送りしてもいいでしょう。

　そして、日々の進捗を1/2500地番図上で着色していきます。その時、確認済、不調、不立会に色分けします。

　事前に不調の基準を明確にしておくことも重要です。地権者の片方が不明で同意しない場合や双方が不明の場合、また双方が立会ったのに一致しなかった場合は不調とし、次年度の年度当初に市町村単費業務として筆界案を作成し、復元の上、確認することを原則とします。

9、事前研修～研修はもとより、マニュアル作成やロールプレイングなどは必須

　地籍調査は決まったローテーションで動きます。つまり、現地踏査が始まるまでの4月から7月は閑散期で、研修などをするのにうってつけ、いや、この時期にちゃんと研修や教育などの準備をしておかないと、実際に作業が始まってから青ざめることになるかもしれません。この時期の準備の質と量が、実作業の質を決定していると言っても過言ではないのです。

1、研修は、基本事項と力量別技術者対象の研修を十分な時間をかけて行ないます。

　2、社外講師が必要な研修は、講師の都合もあるので、研修計画や準備を早めに行ない、繁忙期ではなく閑散期に集中して十分な研修を行なうこととします。

　3、測量会社の技術者の中には、地権者とのコミュニケーションを苦手とする人が少なくありません。前にも書きましたが、この原因のほとんどは、過去に練習もしないでぶっつけ本番でやって、うまく行かず、苦手意識を持ってしまったという悪循環にあります。この解決には、ロールプレイニングによる繰り返しの練習が不可欠です。

　4、それぞれの作業について、手順書（マニュアル）のようなものがあれば、なおさら安心して対応ができます。

10、IT技術を駆使して効率化や円滑な調査を実現する

　今回のコロナ禍において、新しい生活様式とともに、私たち業界の働き方についても新たな可能性が見えてきました。

　国土調査法の改正で、リモートセンシング法などによる立会省略で境界を確認する手法が認められるなど、ＩＴ技術を駆使することで大幅な改善や効率化を図ることが出来る時代になったからです。オンラインでの立会が可能になったり、主任技術者が事務所に在席しながら各班の指示やコントロールをしたり、テレワークでリアルタイムに現場作業を図面に反映する事務所在席の技術者がいたり、立会の効率化や現場作業の省力化、問題点の解決など、一言で言うと、現場と事務所での同時進行

がオンラインでできるようになり、女性が活躍できる時代になってきたのです。

　現地でトラブルが起こっても、会社にいる主任技術者にオンライン会議ツールを通じて、「今の状況はこうなのですが、どうすればいいでしょうか」と、アドバイスを求めることもできますし、現地に行きたくない地権者には、周囲の状況を動画で撮って送信し、図面ではここのポイントが境界となっていますと説明し、理解がもらえたら、そこに杭を打つなどです。

　まだ地籍調査では実現してはいませんが、クラウドサインと言って、今やネットでサインができる時代です。それを取り入れれば、東京在住の地権者が、自宅で千葉の山林の地籍調査に参加し、オンライン会議ツールの動画で境界を了承してサインする、ということができれば、どんなにいいかと思います。

11、伐採の必要性を理解してもらう

　最近は、土地の管理がされていない場合が多く、特に農地などは、土地が肥えているため、篠竹や雑木などが密生しやすく、測量はもとより、立ち入りさえ困難な状況があります。こんな現場では、伐採をしなくては調査が始まりません。

　伐採は、人的な作業を伴うため極力抑えたい作業ですが、最低限、人が立ち入りできる程度の伐採は不可欠です。しかし、これが費用に入っていません。ですから、現地踏査の際に、立ち入り困難な箇所の調査を行ない、伐採必要箇所の距離などを計上して、発注者に費用対応を願うことが重要となります。地権者に伐採をお願いすることもありますが、実際は境界線上

一部境界標のない場合は、ＦⅡ工程完了後に境界を特定し復元します。

の伐採となり、相手側には踏み込めませんので、測量に必要な伐採にはなりません。ですから、仮に地権者が伐採しても測量には役に立たない場合がほとんどで、どうしても受注者側が対応する必要があるのです。

この測量のための伐採の作業編成は、技師補1名、助手1名と測量補助員1名を標準としています。

12、境界標が設置されているところの調査

既存の境界資料や境界標があり、それが立会結果によってお互いが認めた境界標であるとき、その境界標が測量の結果精度区分で誤差内に入っている場合は、その結果を成果とします。既存の成果とは誤差内ではあるけれど、境界査定図や地積測量図とは別の更新した成果となります。誤差が精度区分の許容範囲を超過している場合には、正しい測量だったかを確認・検証をするとともに、土地所有者にもその旨を説明確認した上で成果とします。

一部境界標のない場合は、FⅡ工程完了後に境界を特定し復元します。

13、土地改良施工済み区域の対応

登記に必要な土地の所在図が、国土調査法19条5項指定を受けなくてはいけないと規定されている事業があります。「新住宅市街地開発法」に基づく新住宅市街地開発事業や工業団地造成事業、流通業務市街地整備事業が、これに当たります。また、土地区画整理事業や土地改良事業も、成果品である地

図を19条5項の指定を受けるように通達されています。指定を受ければ、地籍調査を行なったものと同等に扱われますから、地籍調査を改めて実施する必要は原則ありません。

　民間による市街地開発事業でも、新しく作った「まち」については、高精度の測量による地図ができています。その地図を19条5項の指定を受けることで、登記所の正式地図である14条地図に置き換えようという動きが、今回の国土法改正でさらに拍車がかかりました。

　それでも、地図上には空白となっている土地改良施工区域があります。

　土地改良施工区域の特徴の一つは、明治以降の「筆界」が、全くなくなっていることです。一帯の境界を全て作り変えたのですから、当然なのですが、そんなところでいざ、境界問題が燃え上がると、厄介なことになってしまいます。頼りになるはずの原始筆界が存在しないからです。

　その原因の一つが、不十分な「換地」の扱いです。多くの場合、土地改良区域では新しく道路を敷き直します。結果、新しい道路分の減歩が発生し、換地が生まれます。換地は同じ面積でなくてはならないはずですが、この扱いが杜撰なことがあり、それがなんの訂正もないまま、現在に至っている場合もあるのです。その場合は、土地の形よりも、登記簿面積を「筆界」の根拠としなくてはなりません。こうした土地改良区域でのトラブルの解決法を、以下に示します。

1. 19条5項地図に適さない土地改良区域は、調査区域から除外せず、地籍調査において整備すること。

2. 土地改良区域で分筆登記する際に特定した筆界は、あとで整合が取れません。地籍調査で全体の筆界を特定することが必要。

3. 土地改良区域は地籍調査で位置を特定(位置座標の決定)しなくてはなりません。それにより、公共用地の買収に伴う際の位置の不確実性が解消できます。

4. 土地改良区域の地籍調査の原則として、登記簿面積を原始筆界の根拠とします。

5. 土地改良区域の公図の精度を検証します。

6. 道路で囲まれた圏区ごとに、登記簿面積を確保します。最終的な増減面積は、原則として公共用地内で調整します。

7. 法務局公図を登記簿面積に合わせた境界図に調整します。

8. 既存の境界標を観測し、公図の位置との整合を図り、公図の座標変換を行ないます。

9. 現地にて公図の座標を用いて復元します。

10. 既存の境界標は、地籍調査の境界点に更新します。

11. 既存の境界標は、事前に土地所有者に目印旗などを立てることを依頼しておきます。

12. 既存の境界標の設置時期や方法などを聴取し、既存杭の精度などの検証を行ない、復元測量の参考にします。

13. この場合、復元点は座標が変わらないけれども、精度範囲で位置が変わること。また、現況に準拠した境界確認点は、位置そのものは変わらないものの、測定するたびに座標が変わることを留意してください。

14、各種地図のシームレス化

　地籍調査で除外した 19 条 5 項の完了地区などの取り込みは、市町村の単費により全域一元シームレス化します。

　と言うのも、法務局の 14 条地図や 19 条 5 項地図など、地籍調査から除外された区域の地図は、地籍図上は空白となり、土地利用面で支障が出るため、全域一元管理することが必要となるからです。従って、除外された区域は、市町村の単費をもってしてでも一元シームレス化するようにしなくてはなりません。

15、管理されていない山林部の調査

　千葉県の場合、精度区分乙 2、または乙 3 に分類される山林は多くありません。大部分が乙 1 以上の山林ですから、今のままではせっかく使えるようになったリモートセンシング法が使えません。しかし、そんな山林であっても、現場に入れない、地権者は現地に行きたがらない、しかも境界（筆界）はわからないという、現場に行く意味のない山林はたくさんあります。

　つまり、リモートセンシングによる手法は、乙 2、乙 3 地区を対象にしたものですが、乙 1 以上の地区においても、境界が明確でなく所有者が現地で確認することが困難を極め、且つ所有者の希望があれば、リモートセンシング手法が有効なのです。その場合は、 8 条申請を持って、採用を検討する必要があります。

16、所有者不明土地等の調査の促進

「所有者探索のための固定資産課税台帳等の情報の利用、筆界案の公告による調査、地方公共団体による筆界特定の申請など、所有者不明等の場合でも調査を進められるような新たな調査手続の活用」というのが、第7次10箇年計画で閣議決定された一部です。

2017年「所有地不明土地問題研究会」の調査で、全国の所有者不明土地が410万ha（日本全土の11%）と推定されることがわかりました。山林の4分の1が所有者不明と推定されるほか、農地は18.5%、空き家が増えている宅地も14%あると推定されています。立会を求める所有者の所在が不明だと、地籍調査がそこでストップし、地籍調査の大きなネックとなっていましたが、国土調査法を改正して、**固定資産課税台帳の情報利用ができるなど、関連情報へのアクセスが円滑化**されたのです。

また、原則となっている所有者の現地立会についても、法改正に伴う省令改正で、**筆界案を公告することで、地籍調査の実施をできる**ようにしたり、遠方居住や現地急峻などで現地立会ができない場合には、郵送や集会所での確認を導入、所有者からの報告徴収を認めて、現地立会いの柔軟な対応方法が設けられました。

さらに筆界の特定が困難な時には、法務省の筆界特定制度を活用することで、**所有者でなくても、地方公共団体が筆界特定を申請できる**よう、不動産登記法を改正されました。

どれも効率的な地籍調査完成のためには必要な改正です。

なぜなら、今後は今以上に所有者不明土地が増えることが予想されているからであり、客観的資料として市町村が担保する必要があり、国土調査法を前提として、法務局と前向きな解決策を協議することが求められているからです。

17、筆界案は確定するまで市町村が保存する（提案）

不調処理後の復元測量において筆界案により確認し、不調になった場合は、筆界案は確定するまで市町村が保存し、後日、土地所有者の確認が得られれば、土地所有者の申出により地籍図に編入して登記できる仕組みや制度をぜひ作っていただきたいと思います。この制度は法務局が行なう大都市型の14条地図作成作業で、すでに採用されています。

7章 千葉長生方式とは

　ここから、千葉長生方式の実行主体者である「一般社団法人長生郡市地籍調査協会」の概略を、誕生から紹介させていただきます。

1. 始まり　千葉県地籍調査推進委員会の発足

平成 14 年度　千葉県測量設計業協会と千葉県土地家屋調査士会で地籍推進に関する協議を開始
平成 16 年 4 月　関連 4 団体による千葉県地籍調査推進委員会発足
平成 16 年 8 月　1200 名を集めた合同研修会開催

　地籍調査には境界の問題と測量の問題がありますから、そ
れぞれの専門家である土地家屋調査士と測量士が、仕事の内
容や進め方をしっかりわかっていないと、本来の地籍調査がで
きません。幸い、私は若い時から測量士と土地家屋調査士の
仕事を、同じくらいの比率でやってきました。そんな人間はあ
まり多くありません。両方の資格を持っていても、どちらかに
偏っている人がほとんどで、私のようにどちらにも足を突っ込
み、どちらの業界の役員などもやっている人間は、ごくごく少
ないのです。

　そんな私が地籍調査に真剣に向き合ったのは、平成 10 年ご
ろのことでした。当時の千葉県の地籍調査進捗率は 10％ある
かないかの状態でしたが、なぜ進んでいないかの理由は、はっ
きりしていました。もともと仕事に恵まれていた千葉県では、
利益の出ない仕事は後回しとなって、利益の薄い地籍調査は
敬遠され、県外の業者が細々とやっていたからです。

　その事実がはっきりわかったとき、これでいいのかと、心底
思いました。地籍調査はスピーディに終わらせなくてはなりま
せん。その事業を県外の業者に任せていていいのでしょうか。
地元業者がやるべきです。そして誰も先頭に立たないのなら、
自分が先頭に立とうと思いました。その時考えていたのはただ
ひとつ、儲からないというのなら儲かるようにすればいい、そ
うしたらみんなが参加するようになる……。

単純といえば単純ですが、そう思いこんだ私の前に、地元の茂原市で地籍調査をやろうという話が出てきました。いい話です。どうせやるなら、いっそモデル地区を作ってボランティアでやろうという話になり、地元の測量業会と土地家屋調査士会で、実現に向け議論をしました。そのときは測量士と土地家屋調査士の双方に人脈のある私が真ん中に立って、双方に提案したのですが、残念ながらうまくいきませんでした。測量会社の方が、土地家屋調査士とはやっぱり一緒にやりたくないとおっしゃったからです。

　ただ救いだったのは、そのとき、私が最初に勤めた「ふさ測量」の故・岡田忠次社長が測量協会の会長をやっていて、毎年、測量協会と土地家屋調査士会の役員の意見交換の場を持ちましょうという話がまとまったことです。

　皆様おわかりのように、測量協会と土地家屋調査士会の間で、懇親会的な交流がある都道府県など、全国にもそうありません。しかし、実際に何度か席を囲み、酒など酌み交わすようになれば、街で会えば気軽に挨拶するようになるし、気持ちの交流も生まれます。これが契機となって、少しずつ双方が歩み寄るようになり、一緒に地籍調査をやろうという話が再度持ち上がったのが平成15年のことで、翌平成16年に土地家屋調査士会と千葉県測協が一緒になった「地籍調査推進委員会」ができました。

　この地籍調査推進委員会は、県測量業協会、県土地家屋調査士会、県測量組合、県公共嘱託登記土地家屋調査士協会という関連4団体が話し合い、土地家屋調査士と測量士が相互

の特性を生かしながら尊重しあい、地籍調査を推進することを千葉県全体の共有認識としたものです。そして発足の4か月後、会員だけでなく県や市町村の職員、さらに議員や一般市民の方など1200人を千葉県文化会館大ホールに集めた全国最大規模の合同研修会を開催することができました。

　この後、推進委員会では地籍先進国である韓国（明治時代、日本が地籍調査を実施したのですが）や、地籍調査の先進地である東京都西多摩郡の瑞穂町（平成20年）、当時、全国でいちばん事業量が多かった和歌山県（平成21年）などに視察研修に行き、ノウハウの蓄積に努めました。

2、市町村地籍調査委員会の発足

> **平成20年　長生郡市、山武郡市、木更津市地籍調査推進員会が発足**

　それだけではありません。測量士と土地家屋調査士合同の地籍研究会を何度となく開催する一方で、岡田会長自ら全県下56市町村の首長に要望挨拶をしたように、推進委員会のメンバーは、折に触れて千葉県内の市町村をまわり、顔見知りになった職員たちに、地籍調査を始めましょうという話を地道に続けてきました。

　どこでも手応えはなかなかのものでした。そんな千葉県全体を見渡す活動を自治体や議会関係者に続けるのはいいとして、地域住民にアピールするためには、もっと地域に密着した組織が必要ではないかという声が推進委員会のメンバーから上がる

ようになりました。嬉しいことです。

　その結果、私の地元の長生郡市を対象にした「長生郡市地籍調査推進委員会」が、「山武郡市地籍調査推進委員会」と「木更津市地籍調査推進委員会」と同時に発足したのです。平成20年、2008年のことでした。そして、この3つの委員会のメンバーは、さらに地域に浸透し、地元の各市町村長や役場職員、議会関係者を対象に、具体的な地籍調査推進のための日常的な啓発活動に奔走したのです。

　効果はありました。私たちの推進活動の理解が深まり、地籍調査の重要性と、実施の必要性を実感してくれるようになり、市町村の中長期基本計画に地籍調査事業がメイン事業として取り上げられるようになったのです。

3、社団法人長生郡市地籍調査協会発足

平成22年度　国土調査法10条2項法人のモデルを県推進委員会で協議
平成23年4月1日　一般社団法人長生郡市地籍調査協会発足

　そんな私たちに、素晴らしいプレゼントが国から届いたのは平成22年のことでした。国土調査法が改正され、適格な法人であれば、市町村からの「包括的な委託」が可能となったのです。早い話、一定の条件を満たす外部の民間法人に地籍調査のほとんどをやってもらっていいという許可が出た、ということです。

　それまでも地籍調査の外部委託は行なわれていました。し

かし、部分的な委託で、私たちにはもどかしい思いがありましたし、なにより市町村には、直営でやらなくてはいけない業務がたくさん決まっていて、人事面や財政面を考えると、事業実施を躊躇することが多かったのです。それが資格を備えた外部の民間法人への委託が可能となった訳で、なんと素晴らしい改革でしょうか。

しかも、私たちには適格法人としての基礎が備わっていたのです。

ここでいう適格法人とは「法改正の目的に沿った事業運営を基本方針とし、市町村に代わって包括的に受託できる能力を備えるため、技術力、機動力の向上とともに、公正な運営と永続的な信用力を保持した健全な団体」ということで、これは先に作った「長生郡市地籍調査推進委員会」の委員が代表する測量会社や土地家屋調査士事務所が中心になって組織化したものです。

地元の測量会社と土地家屋調査士事務所が加盟した長生郡市地籍調査推進委員会は、測量会社7社、兼業3社の法人10社と5調査士事務所で構成され、各々擁する測量士と土地家屋調査士の合計は50名以上で、地籍調査という大規模な事業にも十分に対応できる規模ですし、その後ろには、千葉県全体の測量士と土地家屋調査士がついています。ですからこれを地籍調査の適格法人にすればいいと、千葉県地籍調査推進委員会内で議論を重ね、平成23年4月、国土調査法10条2項に則った、地籍調査を専門に行なう「一般社団法人長生郡市地籍調査協会」を設立したのです。

す。そして私が考えてきた集大成のものであり、基本理念は千葉県地籍調査推進委員会を基本に、以下の 3 つの方針を掲げました。

　1、権利より義務が先

　2、住民目線で仕事を遂行

　3、地域のみんなで、うまく、正しく行なう

　そして、住民よし、行政よし、協会よしという「三方良し」の地籍調査を推進することを目指します。

　これが「千葉長生方式」が生まれた、おおよその経緯ですが、千葉長生方式のキモはもう一つあります。それが「署名活動」を精力的に行なうことです。

4、精力的な署名活動の遂行

> 平成23年2月　全県下で署名活動運動　約1万人
> 平成23年9月　長生郡市委員会で署名活動
> 平成24年3月　全県下で署名活動　約1万人
> 平成27年5〜7月　全県下で署名活動　3万3千人の署名を集める

　もしかして地籍調査に署名活動は関係ないだろう、とお考えではありませんか。それは違います。密接に結びついています。

　地籍調査の実施に何より必要なものは効果的な広報活動ですが、私たちの協会では、広報活動の中心を「署名活動」と位置付けています。私たち協会のメンバーが市町村職員の方のところに出向いてこまごまと説明するだけでなく、住民の方のお宅にも1軒1軒お邪魔して、地籍調査の重要性をお話しするとともに、この地域でもぜひ地籍調査を始めて欲しいという「要望書」にご署名をいただくのです。これが私たちの広報であり「署名活動」なのです。

　署名を集めるなら、市町村の広報に載せて新聞と一緒に配ってもらえばいいじゃないか……これははっきり言って、お金の無駄遣いです。ご自身を振り返って見てください。新聞は読むかもしれませんが、折り込みの広報までは読まないでしょう。玄関口でいい。わずかな時間でもいいのです。1対1で相手の目を見ながらお話をする、このまさに「住民目線」で地籍調査の必要性と、やることのメリットを説明すること、協会の広報

活動はこれに尽きると、メンバーを説得しました。

　むろん、こんな面倒なことを、最初から「ああ、わかった、やりましょう」と言ってくれるわけがありません。口下手な方が多い業界ですし、測量や境界確認は専門的な仕事ですから、やさしくわかりやすく説明するにも限度があります。第一、住民の方々はほとんど生活に不安がなければ、境界を明確にすることや、正確な測量が必要なことには無関心なのです。

　しかし、地籍調査は、住民の方々にとって「良いことづくめ」の事業です。やってないところの人たちに、やらなくちゃ損だと説明するのは、そう無理なことではありません。それに良いことを過度に吹聴することもないのです。的確に内容を伝えれば必ずわかってくれます。それに地籍調査が実際に始まれば、住民の方と話をする機会はさらに増えます。その時に尻込みするようでは、協会を作った意味がない……そう一人一人に説明を重ねました。

　そして、地籍調査のことを説明すると、土地所有者の方から、

　「お隣との境界に納得できないことがあって、直接相手に言うことはできないけど、地籍調査をやってもらえれば、解決が期待できるので助かる」

　「費用負担なしで境界が決まり、正確な図面と面積が決まり、しかも登記までしてくれる事業なんて知らなかった」

　「お金を個人で出さなければできないものと思っていた」

　「地籍調査をもっと早くやってほしかった」

　「土地所有者みんなのためになることはとても良い事業だね」

　「地籍調査が終わっていれば境界杭がなくなっても復元がで

きるので境界争いがなくなるので助かる」などなど、地籍調査のメリットについて、実感のこもった感想が寄せられました。これは、事業が終わってからも同じです。

そうなのです。署名活動は住民の方と話をするための絶好の機会です。話を切り出し、地籍調査の内容を説明できます。しかも、私たちの説明に納得してもらって、署名をいただければ、市町村に対する圧倒的な数の力に変わります。手間もかかるし、汗もかかなくてはいけない活動ですが、署名が集まった時の効果は計り知れず、その意味でこんな強い広報手段もありません。

ですから私たちは協会を作ってから4回、この署名活動をやりました。

最初は2011年、協会が発足したその年、千葉県全域を600名以上の構成員でまわり、1万人の署名を集めました。その年の夏、長柄町と白子町が地籍調査の事業計画書を県に提出しました。この事業計画は、10年間で町内全域の地籍調査を完成させると言う、これまでにない予算規模でしたから、この事業をさらに確実なものとするために、長生郡市地籍調査協会の委員18名で長生郡市を対象に、さらに署名活動を行ないました。

この2度目の署名活動では、先の署名数に匹敵する10425人の署名をいただきました。長生郡市の全人口15万人のうち1万人をこす署名を集めたというのは、大きな力になりました。これまで千葉県で、10年計画の地籍調査に初年度5千万円もの予算を要求した事例などありません。そんな千葉県初の事業計画が立案されたのも、私たちの法人が包括委託を受けても

十分にやっていけるという見通しが立っていたからです。千葉県もこの予算計画を了承し、翌年から事業着手となって、私たちの協会が無事落札したのでした。

　1万人を超す署名の威力は予想以上でした。県会議員の先生方や関係市町村の首長さんたちは、これなら自信を持って推薦できるとおっしゃってくれましたし、国会議員の先生たちもこれから党派を超えて協力しましょうと、約束していただきました。これも、協会の仲間たちが汗をかき、時間をかけて住民の方々と会い、話をしてきたからです。

　これが私たちの社団法人長生郡市地籍調査協会です。2項委託の適格法人という顔とともに、署名活動で汗を流すという、二つの顔を持っている協会です。ですから、2項委託の適格法人と、署名活動で汗を流すということはどちらもしっかり真似をしていただきたい。心からそう思っています。

資料10 長生郡市地籍調査協会が満たしている要件
・土地家屋調査士と測量士が連携できること
・複数の会社及び個人が組織する法人（倒産しない法人）であること
・大規模面積に対応できること
・地籍調査に必要となる資格者を相当数有していること
・工程管理能力と共同施行の実施体制を有すること
・迅速な対応ができる地元の測量会社と土地家屋調査士が所属すること
・信頼性が高い地元の測量会社と土地家屋調査士が所属すること
・透明性のある公正な運営をする。監査役は員外からも選任すること
・不足する経験・技術等は、会員になっている先進企業との連携により補っていること
したがって、長生郡市地籍調査協会は、

・機動力、技術力、信頼性に優れ、公益性が高い

・各社の経営安定、専業により作業の効率化ができる

・大規模発注に対応でき、早期完成に寄与できる

・各社技術者間の連帯感が生まれる

・各社の技術格差が解消できる

・大規模化に伴う諸経費の軽減に寄与できる

という特徴を備えた協会です。

5、 優良作業機関として認定

令和3年　長生郡市地籍調査協会が優良作業機関の認定

　令和3年6月2日、私たち一般社団法人長生郡市地籍調査協会は、公益社団法人全国国土調査協会から令和2年度第2回地籍測量成果の優良作業機関として認定されました。

　認定された作業機関は全国に3社、その一社に選ばれたことは、大変名誉であり、千葉長生方式が千葉県、更には全国に波及する一歩になったことは間違いないと自負しております。

　今後は、当協会が他の地区から再委託を受けたり、全国各地へ先進事例モデルとして一層の普及啓発を行ない、地籍調査の早期完成を現実のものとして、全国民の利益をはじめ、測量業界や土地家屋調査士業界の発展に寄与したいと考えています。

6、長生郡市地籍調査協会が持っている強み

　千葉県では地籍調査を実施している自治体が確実に増えて

います。

　東日本大震災に遭った東北の東海岸地域で明らかになったのは、区画が確定されていないとか、地籍調査が進んでいないために復興に大きな影響を受け、復旧の遅延を招いた地域と、それが済んでいたために復興が急ピッチで進んだ地域が、はっきり分かれていることです。千葉県は首都圏直下地震でも南海トラフや駿河トラフの地震でも、津波などの被害が予想されているところです。できるだけ早く県下全地域の地籍調査を完了させることがが望まれています。

　しかも、包括委託は市町村の職員の皆様にも大きなメリットがある方式なのです。

その１、信頼ある法人に任せれば安心

　先進技術や実績のあるつぶれない組織があれば、安心して任せることができます。包括委託は委託者と受託者の役割が明確になっているため、お互いの特性や役割に特化したことに集中することができるのもいいところです。外注方式は、地籍調査特有の専門知識を必要とするため、専門知識の習得は人事異動が多い職員には無理がああって当たり前、専門知識は長い経験があって培われるものです。

その２、倒産の不安なども不要

　複数の法人組織であるため倒産のリスクが回避できます。

その３、精神的負担が軽減できる

　作業のほとんどを受託者側で対処することができるため、市町村はチェックすることだけに特化するだけでいいのです。

その４、担当職員が削減できる

大規模な地籍調査でも職員２名でよく、しかも他の業務と兼
務で済ませられます、

その５、成果品検定が義務づけられているため、測量成果が安心

　測量関係の成果は、第三者機関で成果検定するため職員の
負担や測量の専門知識が無くても安心です。

その６、工程管理、検査を受託法人に委託できる

　大部分を受託法人に任せることができるため監督しやすいの
です。

その７、関係機関との調整や協議などを委託できる

　２項委託で受託した法人は、直接関係機関との調整ができ
ます。

その８、臨機応変の対応ができる

　大規模・高度な問題協議も細かな協議でも、どちらでも対
応ができます。

その９、長期的に安心して任せられる

　地元の法人であれば半永久的にアフターフォローが可能です。

７、受注実績

　最後に長生郡市地籍調査協会が請け負う地域の、地籍調査
の計画と、長生郡市地籍調査協会の受注実績を挙げておきます。
　先に、「仕事を創る」といいました。長生郡市地籍調査協会
の受注額をご覧ください。これは私たちがゼロから作り出した
仕事です。これが地元企業の経営安定化にも役立っていること
は言うまでもありません。

実施体制は、たとえば、平成 25 年度（2013）では長柄町6班（3社）、白子町6班（5社1事務所）、睦沢町4班の計 16班体制でやりました。1班平均 0.5 〜 0.7㎢でした。

各町村の事業計画→　完了予想

白子町　2012 年度着手　27㎢　10 年計画→ 10 年

長柄町　2012 年度着手　47㎢　10 年計画→ 11 年

睦沢町　2013 年度着手　35㎢　11 年計画→ 15 年

長生村　2014 年度着手　28㎢　10 年計画→ 13 年

長南町　2014 年度着手　64㎢　20 年計画→ 18 年

合　計　201㎢

2018 年度までの調査面積 87.96㎢　調査筆数 121000 筆

＊受注実績

2011 年度　0.04 億円　事業計画の支援業務

2012 年度　　1.2 億円　白子町、長柄町

2013 年度　　　3 億円　白子町、長柄町、睦沢町

2014 年度　　　5 億円　白子町、長柄町、睦沢町、長生村、長南町

2015 年度　　　6 億円　白子町、長柄町、睦沢町、長生村、長南町

2016 年度　　　6 億円　白子町、長柄町、睦沢町、長生村、長南町

2017 年度　　7.5 億円　白子町、長柄町、睦沢町、長生村、長南町

2018 年度　　　6 億円　白子町、長柄町、睦沢町、長生村、長南町

2019 年度　　　8 億円　白子町、長柄町、睦沢町、長生村、長南町

2020 年度　　7.5 億円　白子町、長柄町、睦沢町、長生村、長南町、
　　　　　　　　　　　　茂原市（事業計画支援業務）

　合　計 50.24 億円

資料 11、千葉県地籍調査推進委員会及び長生郡市地籍調査推進委員会の活動履歴

平成 14 年度　測量協会と調査士会で地籍の推進に関する協議開始

平成 16 年 4 月 関連 4 団体による千葉県地籍調査推進委員会発足

平成 16 年 8 月 合同研修会（官・議員・業） 1200 名参加

平成 16 年 11 月 芝山町議会・農業委員会へ説明

平成 17 年 10 月 地籍先進国 韓国へ視察研修

平成 18 年 6 月 韓国済州島へ次世代地籍パイロット事業視察研修

平成 19 年 11 月 地籍合同研修会（測量士・土地家屋調査士）対象

平成 20 年 長生郡市、山武郡市、木更津市地籍調査推進委員会の 3 市町村委員会が発足

平成 20 年 11 月 先進地東京都瑞穂町視察研修

平成 20（2008）年度 芝山町地籍調査着手

平成 20 年 委員長が千葉県全市町村に要望挨拶終了

平成 21 年度 流山市地籍調査着手

平成 21 年 10 月 先進県和歌山県視察

平成 22 年度 10 条 2 項法人のモデルを協議

平成 23 年 1・2 月 地籍推進全体研修会、調査士各支部に出前研修

平成 23 年 2 月〜 全県下で署名活動運動 約 1 万人

平成 23 年 4 月 一般社団法人長生郡市地籍調査協会発足

平成 23 年度 栄町・白井市地籍調査着手

平成 23 年 9 月 長生郡市委員会で署名活動

平成 24 年 3 月 全県下で署名活動 約 1 万人

平成 24 年度 長柄町、白子町、浦安市で地籍調査着手

平成 24 年 11 月 一般社団法人山武郡市地籍調査協会発足

平成 25 年度 睦沢町は地籍調査着手

平成 26 年度 木更津市、長生村、長南町が地籍調査着手

平成 26 年 8 月 一般社団法人木更津市地籍調査協会発足

平成 27 年 5 〜 7 月 全県下で署名活動 3 万 3 千人集める

平成 27 年度 東金市、君津市が地籍調査に着手

平成 27 年 11 月 （一社）大多喜町地籍協会発足

平成 28 年度 大網白里市が着手、大多喜町が 2 項委託方式に変更しスタート

平成 28 年 10 月　県内 8 委員会が中心となり、全国地籍委員会を発足

平成 29 年 4 月　（一社）香取市地籍協会発足

平成 29 年 8 月　（一社）富津市地籍調査協会発足

平成 29 年 11 月　県知事に署名簿と要望書提出

平成 30 年 7 月　市原市地籍調査推進委員会発足（県内 9 番目）

令和元年度　　勝浦市、富津市、香取市、印西市が地籍調査に着手

令和元年 6 月　地籍調査推進千葉県議員連盟発足

令和元年 9 月　野田市地籍調査推進委員会発足（県内 10 番目）

令和元年 9 月　長生郡市委員会が茂原市で 6100 人の署名を集める

令和 2 年度　　茂原市の地籍調査事業の事業計画書作成業務を受託

令和 3 年 2 月　（一社）市原市地籍調査協会発足　（県内 7 団体目）

令和 3 年 6 月　長生郡市地籍調査協会が優良作業機関の表彰を受ける

これまで集めた署名　累計 10 万 3 千人

資料 12 国土調査法第 10 条 2 項（国土調査の実施の委託）

• 国の機関、都道府県又は市町村は、国土調査を行おうとする場合におい
ては、国の機関にあっては都道府県又は道若しくは二以上の都府県の区域
にわたって基本調査、土地分類調査又は水調査に類する調査を行う者に、
都道府県にあっては市町村又は土地改良区等に、市町村にあつては土地改
良区等に、それぞれ当該国土調査の実施を委託することができる。

• 前項に規定するもののほか、都道府県又は市町村は、国土調査を適正か
つ確実に実施することができると認められる者として国土交通省令で定める
要件に該当する法人に、その行う国土調査（同項の規定によりその実施を
委託されたものを含む。）の実施を委託することができる。

なお、国土調査法第十条第二項に規定する国土交通省令で定める要件は、
次のとおりとする（国土調査方施行規則第四条）。

一 国土調査を適確に実施するに足りる技術的な基礎を有するものであるこ
と。

二 法人の役員又は職員の構成が、国土調査の公正な実施に支障を及ぼす
おそれがないものであること。

8、千葉長生方式の特徴

　地籍調査は、体制や財政の問題ではありません。首長の見識とリーダーシップが非常に大きく影響する事業です。とくに未着手というのは、自治事務として当然やるべきことを放棄しているわけですから、首長に大きな責任があると、私は思っています。

　後に示すように、千葉県内に未着手の市町村が20近くもあります。いくつかは、すでに地籍調査の準備にとりかかっていますが、習志野市、船橋市、松戸市といった東京に近い人口密集地が、ほとんど地籍調査未着手というのは大きな問題です。その多くは巨大地震のときに大規模災害が予想される避難対策等特別強化地域です。こういうところこそ地籍調査を優先しなくてはいけないというのは、住民の皆様の賛同を得るに違いありません。

　災害が起き被災して復興するのではなく、災害が起きる前に、防災に寄与するのが地籍調査だという視点を、ぜひ持っていただきたいと思います。

　私が前章のような「長生方式」を考えたのも、1日も早い地籍調査の完成が、なにより必要だと信じたからです。その「長生方式」の特徴を、これからご紹介します。

特徴その1、官民業一体で地域貢献ができる組織

　特徴の一つは、官民業一体で地域貢献ができる組織体だということです。私たち業界の人間も、地籍調査業務を通じて地域の人たちに貢献でき、技術者も地域の人たちから感謝されます。経験すれば実感できますが、これはなかなかいいものです。しかも、私たち協会が地域の人たちにお話ししているのは、嘘でも建前でもお世辞でも、まして、企業ファーストの営業トークの言葉でもありません。本当の意味で地籍調査とは、地域の人たちが得をすることを、私たち業者がやらせていただいている事業なのです。

特徴その2、他県先進企業を含む地元の測量会社と土地家屋調査士事務所による共同企業体であり、それぞれの特徴を生かして、地籍調査の全工程を包括的に受託できる組織

２つ目の特徴は、地元の複数の測量士と土地家屋調査士が一つの目的のために作った共同企業体で、それぞれの特徴を最大限に活かしながら、地籍調査の全工程を包括的に受託できる全国初の法人ということです。私たちの協会がその能力を最大限に発揮するには、測量士と土地家屋調査士が文字通り一体とならなければ実現できません。これは簡単なようで、皆様の地域を思い起こせば、かなり稀有なことだと思われるのではないでしょうか。私どもも正直、最初は溝がありました。しかしそれはお互いの努力（お酒の力もあったかな）で、埋めることができたからこそ、今の姿があるのです。狭い地域でツノを付き合わせていても仕方がない。早くそのことに気がついてください。

特徴その３、大規模な地籍調査を市町村が安心して任せられる適格法人。大規模化によって諸経費率の軽減により事業費の削減に貢献できる組織

　３つ目には、大規模な地籍調査を市町村の不安なく安定的に受注できる適格法人であり、大規模化によって諸経費率の軽減に寄与している組織だ、ということが挙げられます。規模の大小に関わらず、立会や説明会、その広報などに必要な経費（精神的な負担も）は、地籍調査である限り変わりません。つまり、大規模な地籍調査ほどコストパフォーマンスに優れた方法なのです。

　また、私たちの協会に地籍調査を委託することに不安を感じている市町村はないはずです。なにより私たちは地元の企業で

あり、協働することで、質量とも水準以上のタレントを抱えることに成功しました。成果品はもちろんチェックしていただきますが、市町村職員の仕事は、所在不明の地権者の調査（これも今回の改正で少し楽になりました）くらいで、人手もストレスも感じていないのではないかという自信はあります。

　それに、ちょっとやそっとじゃ倒産などしません。その意味でも安心です。こういうことを胸を張って言うことができるのも、地域の測量士と土地家屋調査士が文字通り連携し、それぞれの特性を生かして業務を遂行できているからだけでなく、質量とも人員が揃っているから大規模な調査が現実的に可能なのです。

特徴その４、他県の先進企業と積極的な協働作業で業務を遂行している組織

　４つ目は、他県の先進企業と積極的な協働作業で業務を遂行している組織、ということです。なぜ県外の先進企業を参加させるのかと、よく聞かれます。その度に、私のほうがなぜそんな質問を受けるのか、よくわからず戸惑ってしまいます。

　私が協働をお願いする先進企業は、地籍調査の専門企業であり、地籍調査で利益を出している企業です。そういう企業が、一体どういう機器を使い、どういう体制で業務を遂行して、ちゃんと利益を出しているのか、皆さんは知りたくないでしょうか。私は知りたかった。なぜなら、地籍調査を儲かる業務にしたかったからです。儲からなければ、事業は続きません。

　一緒に仕事をすると、彼らの凄さがわかります。どの作業は

必要でどの作業は不必要なのか、それがわかります。これ以上
ないＯＪＴです。それはいっしょに仕事をするからわかるのです。
それをしないで、「どんなやり方をしているのですか」などと聞
いたとしても、教えてくれるはずがありません。

　大きな面積の調査を実施する地籍調査には、ふさわしい仕
事のやり方があります。精度を落とすのではありません。精度
を保ちながら、広いところの調査を期限内でやる方法です。自
己の満足だけ追求して不必要な仕事をするのではなく、地籍調
査はあくまでも住民の財産の保全のための業務ですから、その
ためにも意識的に仕事の無駄を省かなくてはいけない、そうい
う仕事のやり方を学ぶのです。目標は「早く、安く、うまく」で、
ここで得たノウハウは、ほかの業務でも、もちろん役立ちます。

特徴その5、署名活動など、地籍調査の啓発に注力している組織

　5つ目は署名活動など、地籍調査の啓発に注力している組
織だ、ということです。この署名についても、先の先進企業と
の協働と並んで、よく質問を受ける項目です。

　先にもご説明しましたが、これにはいくつかの理由がありま
す。一つは地籍調査には住民の方々への広報が欠かせないこ
と、それも、これまで地籍調査をしていない、地籍調査など知
らない住民の皆様への広報が重要だからです。それには初対
面の人と膝を突き合わせて話す機会がなくてはなりません。署
名活動は、その機会を私たちに与えてくれます。同時に、私た
ちも説明する技術と度胸を磨くなによりの機会となります。

もう一つの理由は、私たちの業界を、仕事の依頼が来るのをただ待っているのではなく、仕事そのものを創出する、そんな体質の業界にしたいと思ったからです。自ら動いて仕事を作り、さらにそれを拡大していく組織です。創出した仕事の一つが地籍調査ですが、それ以外にも今後、それまでやっていなかったようなことをしなくてはいけない時代が、きっとくると思います。

　この二つ以上に、署名をしようと思ったさらに大きな理由があります。それは、地籍調査をしようと決定する行政のトップに、住民の声を直接届けようと思ったからでした。

　最初の署名活動をやったときは、途中で東日本大震災があったりして、いろいろ大変でした。1軒1軒訪ねるなど面倒なことを誰もやりたくないし、そもそも署名集めに効果などあるのかと言われたものですが、とにかく一度汗をかいてやってみようよと、強引にみんなを引っ張ったのです。

　そして集めた1万人を超す署名の威力は絶大で、以後、協会員全員が、署名活動の効果に疑いを持たなくなりました。それで基礎ができたと思います。署名活動にはそんないろいろなメリットがあるのです。

特徴その6、環境にあった地籍管理システムや測量方法、立会の方法などを、常日頃から工夫し続けている組織

　環境にあった地籍管理システムや測量方法、立会の方法などを、常日頃から工夫し続けている組織、という側面もあります。

　今やっているのは、エリアを分けて、各社ごとにつくったチー

ムでエリアごとに地籍調査をやっていくという方法です。工期は
1年ごとですが、3年をひとくくりで仕上げるという方法が一般
的です。1年目には説明会をやって立会まで、2年目は測量し
て図面までつくる、3年目は結果の閲覧です。そのあと県に認
証申請をして、国の承認をもらって、法務局に地図と簿冊を登
記する、というわけです。

　スタート前には、それぞれのチームのレベルを一定にするこ
とに力を注ぎました。そのための研修を何度もやり、地権者と
の応対の仕方、そのときの言葉遣い、説明の仕方と内容などの
トレーニングを重ねました。測量業界もそうですが、土地家屋
調査士業界も他者との協働に慣れていません。しかし、それぞ
れのチームが自分勝手な仕事の進め方をしたのでは、なんのた
めの地籍調査協会かわからなくなります。

　大切なのは聞き取りなど、事前の調査です。その地域がどん
な性格の地域なのか。市街地や集落など境界が明確なところは
「個別立会」が基本です。同時に立ち会わなくても、あとから
立ち会った人も、同じところを、ここが境界だといってくれます。
立会の人数がまるで違います。

　しかし、山林ではそうはいきません。誰も境界を知らない
のです。その山にはもう何十年も入っていないし、親から境界
の目印を聞いていたとしても、それがどれなのかわかりません。
ですから個別立会ではなく、人数が増えて大変ですが、「同時
立会」を基本にしました。そうして全ての地権者に、納得のい
く境界をみつけ、そこに杭を打って、番号を入れていきました。

　幸い、目で見える現況の測量は、現在、様々な機器の進歩で、

正確かつ自動で測量できるようになっています。測位衛星で上から撮ることもできるし、車に地上スキャナーを載せると、自動的に画像と三次元データがとれます。本当に便利になったものです。

　もしかすると、近い将来、すべての山林の境界を図表で決める時代が来るかもしれません。今、それが始まったところです。実際、現地に行ったことがない人ばかりになったら、その人に出向いてもらっても、境界などわかりません。それなら資料を調べて、境界案を学術的に作ってしまう。この方法で問題がないなら、管理している山林の土地は立ち会うけれど、管理していない土地は立ち会う必要がなくなるのではないでしょうか。そうしたら効率もすごく良くなるし、かえって公平だったりもします。

　そのためにも私が期待しているのは「航空機やドローンを使ったレーザー計測」の利用です。文字通り、山林を丸裸にする測量方法で、山の境界になるところは、山の背や尾根など、おおよそは決まっていますから、それと登記簿の面積や資料など勘案して作った境界線を「案」として提案する。今回の国土調査法の改正でリモートセンシング法の活用による効率化が普及することが確実視されています。

特徴その7、働き方改革を進め、若手の育成を図る組織であるとともに、業務の熟練によって採算性を向上させていく組織
　これからの時代は、今まで以上に経営者として企業の社員の

待遇や働き方について、知恵を絞らねばならないと、私は思っています。働き方改革をただのキャッチフレーズで終わらせるのではなく、可能な限り、実のあるものにしていくこと、その意味で私が大事だと思っているのが、業務を見直すことで残業を極力なくし、若手の育成を図る組織、という側面で、これに成功すれば、業務の熟練によって採算性を向上させていく組織という次のステージに立つことができます。

先にも言いましたが、地籍調査には地籍調査にあった仕事のやり方と、これ以上はやらないという線の引き方があります。

無論それぞれこだわる部分があることはわかりますが、早い話、地籍調査の費用に「筆界（公法上の境界）で確定する」費用は入っているのでしょうか。

昔の測量の精度が低いからと言って、未着手の地域があるのに、精度区分に入っている地図を、わざわざ測量し直す必要があるのでしょうか。

ここまではやる、これ以上はやらない、その線引きを厳密にやらないと、いたずらにサービス残業が増える原因になりかねません。そして、そんな曖昧さを放置してしまうと、組織そのものが崩壊しかねない、それくらいの危機感を、私は持っています。

「成果」をどのように評価するのか、何をしっかり見る必要があるのか。調査にあたる協会員は、それをしっかり頭に入れて、現実の調査に向かうことが大事です。そうして熟練していけば、無駄なことはしなくなり、採算性は自然と上がります。この場合忘れていけない合言葉が「みんなで、うまく、正しく」です。

そういう意味で、私は地籍協会を、「若い人が多い組織」であるとともに、「女性が気軽に入ってこられる組織」になって欲しいと思っています。

　何より若い人の少ない業界に、明るい未来はありません。測量業界と土地家屋調査士業界は昔から目立たない業界でした。仕事は職人的できついし、何より難しい。仲間内で通じる話も、職種が違う人たちには、全く通じません。仕事の分量が多いせいで、残業も多かったし、周りは口下手のベテランばかりで、誰も新人に仕事を教えてくれません。今の時代、先輩の仕事を盗めと言われて、その通りにしようと考える人が、本当にいるとお思いですか。仕事のコツを、その人だけの財産にしてはいけません。公開が原則です。

　さらに良くないのは、現場で働く女性が、ほぼ皆無であることです。高校を卒業して初めて入った測量の世界の、なんとも殺伐とした雰囲気を、私は今でも覚えています。いや、こんなところで女性を持ち出すと、女性は社内のただの和ませ役か、それはセクハラだと取られるかもしれませんが、それは全くの誤解です。女性には男性にない感性があります。それを測量の世界に生かしてほしい。そう思っているだけです。

　私は、この地籍調査協会の活動を通じて、今挙げたような諸々を、みな昔話にしたいのです。環境さえ整えば、世の女性も今以上にこの業界に目を向けてくれるはずなのです。

特徴その8、通年事業として地籍調査に取り組む組織

　通年事業として地籍調査に取り組む組織という側面もありま

す。ただ、これはそう簡単ではありません。一般入札の市町村で地籍調査を通年事業とするためには、毎年、公正な競争に勝ち抜き、落札し続ける必要があるからです。しかし現実問題として、管内の市町村では、1〜2億円を超える事業ですので、私たちの地籍調査協会のほか、入札に参加する企業はありません。大規模ですから安易に参加できるわけもなく、事実上、私たちの地籍調査協会の通年事業となっています。もちろん、そこに馴れ合いなど、一切ありません。

特徴その9、透明性を確保し、公正な運営をする組織

　私たちの地籍調査協会について、ここでは必要以上に公開しているかもしれません。それでいいのです。誰にも隠し事をしないこと、それがこの協会に関係したときからの、変わらぬ私のモットーでした。ですから私たちは透明性を確保し、公正な運営をする公益的な組織であると、胸を張って申し上げることができます。

最後にこれまであげてきた地籍調査協会の特徴を、いま一度並べます。

・官民業一体で地域貢献ができる組織

・地元の測量士と土地家屋調査士による共同企業体であり、それぞれの特徴を生かして、地籍調査の全工程を包括的に受託できる組織

・大規模な地籍調査を市町村の不安なく安定的に受注できる適格法人であり、大規模化によって諸経費の軽減に寄与して

地籍調査進捗度	
87%	一宮町（緊急地区完了）
84%	東庄町（緊急地区完了）
80%	白子町
76%	鋸南町（再開に向け準備中）
71%	多古町（緊急地区完了）
70%	神埼町（緊急地区完了）
60%	長柄町
50%	長生村
49%	南房総市
47%	睦沢町
38%	柏市（休止中）
37%	浦安市
35%	成田市（休止中）
33%	香取市
25%	長南町
23%	旭市（休止中）
20%	大多喜町
	芝山町
17%	栄町
15%	流山市（休止中）
13%	木更津市
12%	富津市（再調査準備中）
	東金市
11%	印西市
10%	山武市
	白井市（休止中）
9%	市原市（休止中）
	八千代市
8%	千葉市
7%	大網白里市
2%	市川市（休止中）
	君津市
1%	勝浦市

2020 年 8 月現在　国土交通省地籍調査 WEB サイトより

未着手 21 市町
銚子市、匝瑳町、横芝光町、富里町、酒々井町、九十九里町、八街市、佐倉市、野田市、松戸市、鎌ヶ谷市、船橋市、習志野市、四街道市、茂原市 いすみ市、御宿町、袖ケ浦市、鴨川市、館山市、我孫子市

いる組織

・他県の先進企業と積極的な協働作業で業務を遂行している組織

・署名活動など、地籍調査の啓発に注力している組織

・環境にあった地籍管理システムや測量方法、立会の方法などを、常日頃から工夫し続けている組織

・業務を見直すことで残業を極力なくし、若手の育成を図る組織

・業務の熟練によって採算性を向上させていく組織

・通年事業として地籍調査に取り組む組織

・透明性を確保し、公正な運営をする組織

これが私たちの一般社団法人長生郡市地籍調査協会です。

今、同じような協会が、長生郡市のほか、山武郡市、木更津市、大多喜町、富津市、香取市、市原市にできています。

管内で未着手の自治体は、最大規模の茂原市ですが、この2、3年で着手する予定になっています。すると、どういうことになるのかお分かりでしょうか。なんと長生郡市328㎢の地籍調査が2035年度くらいまでに、ほぼ完了する計算になります。協会ができるまでは一宮町23ｋ㎢だけだったのです。すごいことだと思われませんか。

野田市
流山市
我孫子市
神崎町
香取市
柏市
栄町
成田市
東庄町
松戸市
白井市
印西市
多古町
旭市
鎌ケ谷市
八千代市
酒々井町
銚子市
市川市
船橋市
佐倉市
富里市
芝山町
匝瑳市
習志野市
四街道市
八街市
山武市
横芝光町
浦安市
千葉市
東金市
市原市
大網白里市
九十九里町
茂原市
長柄町
白子町
袖ケ浦市
長南町
長生村
木更津市
睦沢町
一宮町
君津市
いすみ市
大多喜町
富津市
御宿町
鋸南町
勝浦市
鴨川市
南房総市
館山市

175

※長生郡市地籍調査協会 会員名簿

　会員の皆さまのおかげでここまでやってこれました。その一般社団法人長生郡市地籍調査協会は、以下の会員 14 社から成り立っています。

> 株式会社　コーケン
> 株式会社　三陽測量設計
> 株式会社　セントラルサーベイ
> 株式会社　ミヤモ設計
> 株式会社　美幸測量
> 伸一測量設計　株式会社
> 光和測量　株式会社
> 有限会社　カナザワ測量
> 株式会社　松本コンサルタント
> 有限会社　サカイ測量
> 有限会社　宇津木測量設計
> ユニオン製図　有限会社
> 土地家屋調査士　神代正剛
> 土地家屋調査士　鎗田昌夫

8章 地籍調査で未来を拓く

境界
→

　地籍調査は官民業一体の事業で、何より地域貢献ができる
事業であり、時代や政権与党に影響されない事業です。

そして、何より忘れてはいけないことは、地籍調査は緊急的な事業であり、自治体が財政難でもできる事業だということ、また、測量業界や土地家屋調査士業界にとって、地籍調査は体質改善の可能性を秘めた事業であり、将来の希望が得られる事業でもあります。

　この本で私が紹介してきた「**千葉長生方式**」は、こんな地籍調査を、地元業者中心で行なう組織です。地元の中心的な測量会社と土地家屋調査士を含む先進企業との複数業者の連携で地域の地籍調査事業を完遂するのです。

　そのためには２項委託が可能な適格法人を現地につくり、大規模かつ安定的に受注できる環境を構築することが大事です。

　なぜなら、。

・仕事を大きくすれば、自ずから長期的な経営計画が建てられるからであり、

・それには事業を牽引するリーダーが絶対的に必要だからです。

　同時に、**署名活動**による地域住民や首長への啓発を重要だと考えているところが「千葉長生方式」の特徴の一つですし、地籍調査事業を進めるにあたって、先進企業との連携を不可欠と考えていること、また、大規模でかつ共同作業という事業環境に合った地籍管理システムの活用が業務の精度を上げ、スムーズに業務を遂行するとともに、残業の削減につながるものと考えていることも「千葉長生方式」の特徴であり、ユニークなところだと自負しています。

　これまでの経験で、地籍調査は専門性が高い仕事ではありますが、熟練すればきちんと採算がとれること、同時に、担当

する企業、組織は、通年事業として取り組む覚悟が必要だということもわかってきました。

　業界の体質が変わらなければ、地籍調査の早期完成は望めませんし、業界の将来も、またありません。ですから、何より地域単位で包括委託が可能な適格法人を設立することが重要なのです。

　以下、私が考える大切な部分について、お話しさせてください。。

1、地域単位で包括委託が可能な適格法人を設立することが重要

　私たちが「千葉長生方式」という、適格法人を立ち上げて地籍調査を包括委託しようというプランを作ったのは、地籍調査進捗の大きなネックとなっていた予算の拡大と、大規模処理を可能にするためでした。

　この構想は正解だったと自負しています。それは、令和元（2019年度）の受注額8億円という、その後の事業の拡大が、なによりも雄弁に物語っています。

　そして、そんな受注が可能だったのも、この法人には地元に精通した技術力と、高い処理能力をもった地域の測量会社と土地家屋調査士の有志が参加していることで、自治体に安心感をもって大規模な地籍調査を任せられるとの好評をいただいているからです。

　それだけではありません。もう片方の車輪は、署名活動を通じた地域住民への情報提供や広報活動です。平成27年度は

県内7市町村委員会が中心となって、3.3万人もの署名を集めました。この業界の「やる気」を如実に示す署名活動が、千葉県の予算獲得にどれだけ大きな力を発揮したかは言うまでもないでしょう。

　集めた署名といっしょに、千葉県知事あてに予算確保の要望書も提出しました。新しく着手する地域は地区単位で随時行なっていくほか、署名をした地区でも数年周期で、地籍調査の早期完成と予算確保を目的とした署名活動を繰り返すつもりです。

2、立会などの工夫で可能な限り負担の軽減を図ること

　現在、地籍調査が未着手となったり、休止している自治体には、自治体なりの事情があるのだろうと推察します。いったん始めると長期間の予算確保が必要になる地籍調査を、きびしい財政事情のなかで開始するのに慎重になるのはわかります。しかし、無理に地域全域を一括してやることもないのではありませんか。もっと柔軟に3〜4年程度を一つのサイクルとして、とくに優先順位の高い地域から着手して完結する計画を、地域の適格法人がつくって提案したらいかがでしょうか。

　その場合、さらに重要になるのが、地籍調査がもつ意味を地域住民にわかりやすく、かつ具体的に知らせることで、その広報計画も適格法人が練って行動し、草の根から地籍調査をやってくれという声をあげてもらうようにするのです。署名が拡大し、住民の声が大きくなると、必ず政治家やメディアが注目してくれます。それは私たちが経験したことで、まさに好機到来、

そうなったら、いっそう地籍調査の必要性を、声をあげて訴えることができます。

3、地籍調査における筆界と境界の認識に大きな誤解があること

筆界が取り沙汰される背景には、既存の測量図の誤差が意識的に無視されていることがあるように思われてなりません。

自宅周りにブロック塀がある。ある日、法務局から来たという人が、５センチ、お隣の敷地にはみ出てますよ、法務局の地図を測ったらそんな結果になりました、という。でも、もしそんなことになっても慌てることはありません。その人にこう話してください。あなたが測ったその法務局の地図はいつ頃作られたもので、誤差はどれくらいあるのでしょうか、と。

測量図の誤差は、年代によって違います。測量方法や測量機器が進歩して来たのですから、当然です。そして、どんな測量機器や測量方法でも、誤差は出ます。これまた当然で、今でも寸法はけっこう正しいですが、位置誤差は「精度区分」にあるように、無視できないくらい出るのです。

しかし、これを「意識的」に無視する人たちがいます。例えば甲３の精度区分のところで、500分の１の地図だったとしましょう。専門家の手による地図の線の太さは 0.1 ミリで、これは現地で５センチに相当します。そして甲３の精度は、平均２乗誤差で 15 センチです。

つまり現地で 15 センチの範囲内に入っていればいいわけで、５センチなら範囲内ということです。ブロック塀はそう簡単に動

くものではありませんから、それは測量誤差であり、境界は現況で間違いない、はみ出ていないわけです。この場合も「現場が正しい」のです。

　というわけで、最後に私の提案を繰り返しますと、
●地籍調査の境界を確認するには、まず地権者の方々に、それぞれ自身の所有権界の目印を立ててもらい、
●隣り合う地権者の異論がなければ、それを「境界」として測量し、
●法務局の登記簿面積や公図の形状と比較しながら、
●矛盾がなければ「成果」として報告し、
●システムエラーが起きるような齟齬の大きなところや、隣接の地権者の確認が取れないところは、法務局の資料などや物証などを勘案して「筆界案」を作り、
●再立会を求めて、筆界案を検討してもらい、
●それぞれの了承が取れたなら、その筆界案を境界として測量するが、
●取れなかった場合は、筆界未定として報告する、
　ということです。
　皆様にもご検討いただければ、この上ない幸せです。
　と言うのも、私は「地籍調査で未来を拓く」と信じており、そのキーの一つが、この境界に対する新しい考え方、「地籍から考えた境界の考え方」だと思っているからです。

冒頭で書かせていただいたように、私は、全国の地籍調査を2050年までに完成させるための行動を起こします。

　全国で多くの協力者を集めます。

　全国民から支持される地籍調査「地籍調査2050プロジェクト」を進めます。

　そして、全国の測量会社や土地家屋調査士の参加のもと、2050年までに、全国の地籍調査を終わらせましょう。

　「地籍調査で未来を拓く」

　そんな夢（志）を私と一緒に、実現していきませんか。

2021年10月

石塚　修

今後の主な活動「地籍調査 2050 プロジェクト」

地籍調査は最優先事業：全ての事業の前に必要なもの
2050 年までに全国の地籍調査を完了する「地籍調査 2050 プロジェクト」
2021 年度までに全国 100 名の協力者を
プロジェクト啓発活動から
・時限立法で 2050 年までに完成させる法律を 2026 年までに
・単価のの見直しをを 2027 年までに
・2050 プロジェクトを 2030 年から施行し 20 年で完了
・現在の毎年の事業量 250 億円を8倍に→ 2000 億円
・千葉長生方式を参考に実現する。

＊長生郡市地籍調査協会（千葉長生方式）
事業規模年 10 億円　10 年で 20 万筆：150~200㎢の地籍を完成する能力を有し、包括委託方式で市町村から絶大な信頼を得ている
令和3年6月に優良作業機関の表彰を受けた
先進企業（国測協の会員等）との連携などの特徴がある

あとがき

　8年前の2013年、『みんなの地籍』という本を出版させていただいた時、本の帯に「次世代に先送りできない地籍調査」、副題には「この本を手掛かりにすれば200年かかる地籍調査が20年で完成します」と書きました。そして、地籍調査は早期完成が不可欠なこと、そのための具体的な取り組みとして「千葉長生方式」を提言しました。

　白子町と長柄町の「千葉長生方式」による地籍調査が着手したのは、2012年のことでした。それから10年。白子町は当初の計画通り10年で完了し、長柄町は11年で調査が完了することになりました。これは、8年前の提言を実際に実行して証明したわけで、全国最速の地籍調査を完成したことになります。長生村・睦沢町・長南町も今後3年から10年で完了します。茂原市もスタートすれば、ほぼ10年で完了も可能です。長生郡市という限られたところですが、それが2035年までに全区域約300km²の地籍調査が完了することが可能になってきたのです。地籍調査後進県と言われ、常に全国ワースト10に名を連ねていた千葉県とすれば、画期的なことと言わなくてはなりません。そして、それが可能となったのも、この本でずっと力説してきた「千葉長生方式」の賜物であり、法人の加盟員

として汗を流してきた、測量士、土地家屋調査士の方々他調査員の努力の結晶なのです。

　この千葉の一角で生まれた波を、全国を席巻する潮流として育て、結果、地籍調査を早期に終わらせるのが、これからの私の夢であり、志です。

　これから？　そうです。2020年6月、コーケンの社長の座を長男に譲り、私は代表権を持った会長職につきました。つまり、これまでよりさらに地籍調査推進にかける時間が増えた、ということです。

　その私のキャッチフレーズが、「地籍調査2050プロジェクト」です。長生郡市に刺激されて千葉県内の空気は明らかに変わりました。やればできることが明らかになったからです。その変化の流れを全国に広げたい。それが「地籍調査2050プロジェクト」で、夢のような話と思われるかもしれませんが、私が本書に書いたような実際的な改革を続け、千葉長生方式を普及し

ていけば、決して不可能なことではありません。

　この本を書くと決めた時、いろいろ悩みました。これまで表に出なかった、業界の本音の部分にもかなり触れましたから、反発も当然あるだろう、行政の方々にはどう思われるだろうか、そう考えると、普段は寝付きのいい私が、寝床で悶々とする夜もありました。

　その一方で、私が考えていることは間違っているのだろうか、そう自問自答した時、はっきりと首を振る私がいました。間違ってなんかない、地籍調査を1日でも早く終わらせること、それに向けて知恵をしぼることは、国民のためになり、国民のためになり、その結果、行政や業界が良くなる、まさに「三方良し」の事業であることは明確であり、そのために20年間、言い続け、行動し続け、結果を出してきたことは、紛れもない事実です。この気持ちを改めて確認したのでした。

　ですから、余計なことを書きやがって、そう思われることは重々承知の上で、書き上げました。読み返すと、気持ちが先走って、表現が雑になっているところも多々あります。しかし、それが私なんだ、そう思い、あまり手を入れることは控えました。

　測量業界は高齢化が進んでいます。その業界に一石を投じ、

将来への光と展望をもたらすこと、地籍調査とこの本がそうなることを心から望んでいます。

　地籍調査に携わっている皆様始め、とくに全国の国測協に所属している皆様、「地籍調査2050プロジェクト」に、どうかご賛同の上、ご参加いただけますよう、最後に伏してお願い申し上げます。

　今回の本書の出版は、前著『みんなの地籍〜土地という財産を保証してくれる大切なもの』（2013年10月刊）と同じく、展望社からです。

　4年前に続編を出したいと、ＣＭＥモルゲンランドの出版プロデューサー野澤汎雄さんに相談したところ、ご紹介いただいた編集者の尾形道夫さんと、前回同様、二人三脚で執筆作業を進めました。

　野澤さん自身、何度か地籍調査に立ち会ってもいたようで、そんなことがあってか、野澤さんからも「地籍調査の現場に居合わせ、大変勉強になりました。地籍調査が行政や国民はじめ、不動産業者や開発事業者などにとっても大変有益な事業であることを、深く実感しました。この本が、地籍調査の重要性と早期完成の理解を深める機会になるよう、一緒に頑張りましょ

う」と励ましの言葉をいただき、大いに力づけられたことでした。

　そしてなんとか書き上げたものを、表紙デザインは金子裕さん、進行やデータ出力手配は根岸昇さんに、前回同様お願いし、やっと形にすることができました。

　本書の執筆にあたり、適切なアドバイスをいただいた上、帯の言葉までいただいた元国土交通省国土調査課長の鮫島信行氏、「次世代に先送りできない地籍調査」ということを教えてくださったアジア航測名誉フェロー那須充氏、何度も読み返してもらい、その度に適切なアドバイスをくださった大切な関係者の方たちに、この場を借りて厚く感謝申し上げます。

　最後に「地籍調査」という地味な内容の社会的意義をよく理解し、今回も出版を決断くださった展望社唐澤明義社長に、心からお礼申し上げます。

石塚　修

令和3年10月

石塚修

　地籍調査の革命と言われる「千葉長生方式」の生みの親。株式会社コーケン代表取締役会長。

　昭和28年千葉県夷隅郡大多喜町生まれ。昭和47年千葉県立茂原農業高校農業土木科卒（高校在学中の昭和46年に測量士。卒業年の昭和47年に土地家屋調査士の資格取得）。昭和47年ふさ測量株式会社（千葉県茂原市）入社。昭和58年独立し、石塚測量株式会社設立（現在の株式会社コーケン）、昭和54年土地家屋調査士石塚修事務所開業）。

　初代長生郡市地籍調査推進委員会委員長（平成20年〜平成23年）、一般社団法人長生郡市地籍調査協会理事長（平成23年〜）、千葉県土地家屋調査士会地籍調査プロジェクト委員（平成15年〜30年）、千葉県地籍調査推進委員会副委員長総務企画部会等（平成16年〜、副委員長平成29年〜）、平成25年より地籍アドバイザー。平成26年度「地籍の匠」優秀技術者特別賞受賞

　全国地籍調査推進委員会設立2016年10月〜委員長

　2020年7月国土交通大臣表彰、2021年6月公益社団法人全国国土調査協会から長生郡市地籍調査協会が優良作業機関として表彰される。

　　　　《著者講演会》

- 公益社団　全国国土調査協会
- 一般社団　日本国土調査測量協会
- 一般社団　神奈川県測量設計業協会
- 富津市測量設計業協同組合
- 千葉県県土整備部用地課
- 全国測量組合情報交流会
- 公益社団　日本測量協会

地籍調査で未来を拓く──地籍調査2050プロジェクト

2021年10月29日　初版第1刷発行

著　者	石塚　修
編　集	尾形 道夫
装　幀	金子　裕
進　行	根岸　昇（ダイワ企画）
統　括	野澤 汎雄
企画・編集・プロデュース	CMEモルゲンランド・パブリッシング
発行者	唐澤 明義
発　行	株式会社 展望社

〒112-0002
東京都文京区小石川3丁目1番7号　エコービル202号
電話 03-3814-1997　Fax 03-3814-3063
振替 00180-3-396248
展望社ホームページ　http://tembo-books.jp/

印刷所
製本所　株式会社 東京印書館